Aljoscha A. Schwarz · Ronald P. Schweppe

Entspannung und Persönlichkeit

Aljoscha A. Schwarz · Ronald P. Schweppe

Entspannung und Persönlichkeit

Ausgleichsgymnastik für Körper, Seele und Geist

Mit Persönlichkeitstests und individuellen
Übungsprogrammen für acht psychologische Grundtypen

Mosaik Verlag

Die Übungen werden dargestellt von
Josiane Kyung Joo Traun

Der Mosaik Verlag ist ein Unternehmen
der Verlagsgruppe Bertelsmann

Umschlaggestaltung: Petra Dorkenwald
Illustrationen: Kerstin Krainer, Anja Yasmin Schwarz
Fotos: Martin Köhler
Redaktion: Monika König
Gestaltung: Caroline Sieveking

Satz: Filmsatz Schröter GmbH, München
Druck und Bindung: Clausen & Bosse, Leck
Printed in Germany
ISBN 3-576-07063-X

Inhaltsverzeichnis

Worum es uns geht

In vielen, vor allem klassischen östlichen, ganzheitlichen Lehren wurden Möglichkeiten aufgezeigt, wie die Harmonie von Körper, Seele und Geist verhältnismäßig einfach zu erreichen ist. Aber auch in diesem Jahrhundert wurden Techniken entwickelt, die einem Ausgleich der menschlichen Kräfte dienlich sein können; zum Beispiel das Autogene Training oder die Feldenkrais-Übungen. Alle diese Lehren oder Techniken haben weitergehende Ziele, die in unserem Zusammenhang weniger von Bedeutung sind, wie zum Beispiel die »Erleuchtung« in den östlichen Lehren. Weiterhin ist nicht jede Methode für jeden Menschentyp geeignet.

Wir haben versucht, ein Übungsprogramm zu entwickeln, das einfach ausführbar ist. Dazu haben wir aus den verschiedensten Übungsweisen diejenigen Teile verwendet, die leicht erlernbar und schnell durchführbar sind, aber dennoch eine größtmögliche Wirksamkeit besitzen. Ein weiteres, zentrales Anliegen war es uns, ganzheitliche Übungen auszuwählen, solche also, die den ganzen Menschen ansprechen und dessen Körper, Seele und Geist in Einklang bringen können.

Im Kern unseres Interesses steht jedoch die Individualität eines jeden Menschen: Was für den einen gut und interessant ist, kann für den anderen uneffektiv, langweilig oder auch hinderlich sein. Es gibt eher aktive und eher passive Menschentypen, aggressive und zu sehr nachgebende, nervöse und lethargische usw.

Wir haben deshalb speziell für dieses Buch einen Persönlichkeitstest entwickelt, der acht verschiedene Persönlichkeitstypen und ihre charakteristischen Eigenschaften aufzeigt.

Aufgrund des Testergebnisses werden wir dann Ihren persönlichen Übungsweg vorstellen – den Weg, der Ihnen angemessen ist, der Ihre eventuellen Schwachstellen auszugleichen hilft und der vor allem auch durchgehalten werden kann. Durch Übungen, die Sie schnell erlernen können und die nur wenig Zeit in Anspruch nehmen, wird es Ihnen schon in wenigen Wochen, bei etwa 10 bis 15 Minuten Zeitaufwand am Tag, gelingen, sich körperlich, seelisch und geistig wohler, ausgeglichener und »fitter« zu fühlen. Die Übungen bestehen aus leichten körperlichen Bewegungen und meditativen Entspannungstechniken aus den unterschiedlichsten Traditionen. Nach einiger Zeit werden Sie sicherlich das Bedürfnis spüren, die Übungen öfter auszuführen; sie werden zu einem ganz normalen Bestandteil Ihres Alltags werden und nach und nach Ihr ganzes Potential zur Entfaltung bringen.

Darüber hinaus finden Sie Übungen für bestimmte Alltagssituationen und Problemkreise.

All das, was wir für dieses Buch zusammengestellt haben, soll Ihnen dabei helfen, auf einfachem Wege eine gute Verfassung zu erlangen. Es soll dazu beitragen, daß Sie sich in Ihrem Körper, in Seele und Geist immer wohler fühlen und Ihr Leben erfüllter und glücklicher gestalten können.

Nun noch ein paar Worte über uns selbst. Die Erfahrungen, die wir in eigener Übung gesammelt haben und seit einigen Jahren auch in Kursen weitergeben, wollen wir einem möglichst breiten Publikum zugänglich machen. Wir beschäftigen uns seit über zehn Jahren mit den Weisheiten der östlichen Lehren, die uns wertvolle Lebenshilfen waren und die wir daher auch in starkem Maße in unsere Arbeit mit einfließen lassen.

Die Notwendigkeit des Ausgleichs

Zwei Grundprinzipien

Unsere Ausgleichsübungen basieren auf zwei Grundprinzipien. Erstens sind wir davon überzeugt, daß es kein Patentrezept gibt, das für alle Menschen gleichermaßen geeignet ist, denn jeder Mensch hat seine ganz eigene Persönlichkeit; keinen Menschen – nicht einmal unter eineiigen Zwillingen – gibt es zweimal. Daher sind die von uns empfohlenen Übungen auch kein durchgehendes Programm, sondern es gibt individuelle Übungsprogramme für acht verschiedene Persönlichkeitstypen. Sie umfassen jeweils sechs Übungen, die ganz gezielt die speziellen Probleme dieser Persönlichkeit ansprechen und aufzulösen versuchen. Diese sechs Übungsprogramme setzen sich jeweils aus vier körperlichen Bewegungsabläufen, einer Meditation und einer Meridianmassage zusammen.

Unser zweites Grundprinzip: Wir gehen davon aus, daß die meisten Probleme durch ein Ungleichgewicht von drei zentralen Wesenskräften entstehen. Wenn diese »Energien« – vitale, emotionale und mentale Energie (= Körper, Seele, Geist) – nicht miteinander harmonieren, das heißt, einigermaßen gleich stark wirken, kommt es zum Auftreten von Krankheiten, Streßgefühlen, Unwohlsein und vor allem auch zu einem Mangel an körperlicher, gefühlsmäßiger und geistiger Leistungsfähigkeit.

Verfügt jemand beispielsweise über starke körperliche und geistige Energien, so führt eine schwache Ausbildung der emotionalen Kräfte zu einer gehemmten Grundtendenz; er möchte aufgrund seiner körperlichen Energien gerne aktiv sein und aus sich herausgehen, doch seine starke mentale Kraft führt, im Zusammenspiel mit seiner mangelnden Möglichkeit, sich emotional zu entfalten, dazu, daß er sich ständig zurückhält und Hemmungen ihn behindern. Als ein weiteres Beispiel wollen wir den genau entgegengesetzten Charakter betrachten; einen Menschen, der über wenig körperliche und geistige Energien verfügt, aber emotional sehr aktiv ist. Ein solcher Mensch wird wahrscheinlich zu Depressionen neigen. Die mangelnde körperliche und geistige Aktivierung bedeutet einen Streß, der sich durch die starke emotionale Ausdrucksfähigkeit leicht als depressive Verstimmung äußern kann.

Wenn wir von starken oder schwachen körperlichen, emotionalen oder geistigen Energien sprechen, kann dies vielleicht zunächst mißverstanden werden. Hat ein Mensch eine starke geistige Energie, bedeutet dies nämlich keineswegs, daß er besonders intelligent sein müßte; liegt seine körperliche Energie niedrig, heißt dies nicht, er sei ein Schwächling. Es bedeutet lediglich, daß in diesem Bereich viel oder wenig Kraft eingesetzt wird; beispielsweise kann jemand mit wenig körperlicher Energie, der diese Energie aber richtig und motiviert einsetzt, größere körperliche Leistungen erbringen als jemand mit einem großen Potential auf diesem Gebiet, der aber von anderen Faktoren gehemmt wird. Schon an diesen kurzen Beispielen kann man erkennen, daß durch das komplexe Zusammenspiel von nur drei Faktoren bereits einige wichtige Persönlichkeitstendenzen erklärt werden können.

Wir gehen davon aus, daß es bestimmte Übungen gibt, die ganz gezielt auf die drei oben erwähnten Grundkräfte oder Energien einwirken. Beispielsweise verstärken sie die emotionale Kraft; konkret heißt das, daß sie zu stärkeren Gefühlsempfindungen führen, daß die Ausdruckskraft steigt und die emotionale Wahrnehmung geschärft wird. Andere Übungen sprechen mehrere Energien an und dienen dazu, einen Ausgleich zwischen diesen herbeizuführen. In dem oben angeführten Beispiel der gehemmten Persönlichkeit ist es nicht nur von Bedeutung, daß die emotionale Energie verstärkt wird, sondern es ist ebenso wichtig, daß die Körperlichkeit mehr mit dem Gefühl verbunden wird. Als Ziel wird ein harmonisches Zusammenspiel aller drei Kräfte angestrebt.

Selbstverständlich gibt es neben diesen individuellen Übungsprogrammen, die für jeden der Persönlichkeitstypen bestimmt sind, auch allgemein hilfreiche Übungen, die sich auf Ihr tägliches Leben beziehen, beispielsweise auf die Arbeit im Büro, den häuslichen Alltag usw. Sie sind für den Gesamterfolg ebenso wichtig wie die individuellen Übungen.

Denn Verspannungen und Probleme, die im täglichen Leben auftreten, bilden ein lästiges Hindernis für eine weitergehende Persönlichkeitsentwicklung. Wenn erst einmal diese Alltagsprobleme in Angriff genommen worden sind und sich allmählich aufzulösen beginnen, entsteht die Grundlage, auf der sich eine stabile, harmonische Persönlichkeit entwickeln kann. Schon der Weg zu diesem Ziel kann sehr befriedigend sein.

Wenn der Streß, dem wir täglich im Alltag ausgesetzt sind, nachzulassen beginnt, steigt unser Wohlbefinden und unsere Gesundheit, unser Immunsystem wird gestärkt, und unser ganzes Leben wird erfüllter.

Die Elemente unserer Übungsprogramme

Schon vor langer Zeit haben sich Menschen Wege erarbeitet, die dem Ziel der ganzheitlichen Persönlichkeitsentwicklung dienen. Diese Techniken stammen vor allem aus dem Osten, besonders aus China und Indien. Andere Übungsweisen wurden aber auch erst in neuerer Zeit entwickelt, wie beispielsweise das Autogene Training oder die Feldenkrais-Methode. Sie alle haben ihre eigenen Vorteile und können daher ganz gezielt eingesetzt werden.

Yoga

Yoga ist nicht nur das bekannteste, sondern wohl auch eines der ältesten Übungssysteme, die wir kennen. Es wurde vor einigen tausend Jahren in Indien entwickelt.

Hatha-Yoga ist die Form des Yoga, die wohl weltweit die größte Verbreitung gefunden hat. Im Hatha-Yoga wird durch Übungen versucht, den Körper und den Geist zu reinigen und unempfindlich gegenüber Krankheiten und Schmerzen zu machen. Yoga ist keine Religion und verlangt nach keinerlei weltanschaulichem Bekenntnis, wie oft fälschlich angenommen wird. Aber auch eine andere weitverbreitete Ansicht ist abzulehnen, nämlich, daß es sich beim Yoga lediglich um eine besondere Form einer Gymnastik handele. Bei Yoga geht es um wesentlich mehr. Yoga ist eine ganzheitliche Übungsweise, in der versucht wird, den Geist frei von »Unreinheiten«, das heißt von Vorurteilen, Irrtümern, negativen Gedanken und so weiter zu machen. Im Hatha-Yoga wird dabei dem physischen Körper große Aufmerksamkeit zuteil, da dieser schließlich der Träger des Geistes und der Seele ist. Dabei wird von der Annahme ausgegangen, daß die Reinheit des Geistes ohne vorherige Reinigung des Körpers nicht möglich ist. Diese »Reinigung« ist natürlich nicht (nur) eine äußere mit Wasser und Seife. Sie wird auch durch Diätvorschläge, Atemübungen, Meditationen und Konzentrationsübungen auf alle geistig-seelischen Bereiche ausgedehnt. Zentraler Aspekt des Hatha-Yoga sind zweifellos die körperlichen Übungen, durch die Kontrolle über den Körper und sogar über die inneren Organe erreicht wird. Einem fortgeschrittenen Yoga-Übenden ist es möglich, Blutdruck, Herzschlag und Atmung in gewissem Maße zu beeinflussen. Aber auch schon dem Anfänger zeigen sich bald die ausgleichenden Wirkungen des Yoga: Die Atmung wird vertieft, das Körpergewicht und der Blutdruck normalisieren sich.

Chi Kung

Chi Kung (oder Qi Gong) ist ebenfalls eine uralte östliche Lehre. Es entstand in China, wo es von taoistischen Mönchen entwickelt wurde, die in ihren Übungen ursprünglich Tierbewegungen nachahmten. Im Laufe der Jahrtausende entwickelte sich ein äußerst ausgefeiltes, ganzheitliches Übungssystem. Durch die Bewegungen, die mit kontrollierter Atmung verbunden werden, wird das »Chi«, die Lebensenergie, durch die sogenannten »Meridiane« geschickt (= feinstoffliche Energiebahnen, die jeweils mit einem Organ oder einer psychophysischen Funktion zusammenhängen und den ganzen Körper durchziehen). Dadurch werden die Organe, das Blut und der ganze Körper mit Chi-Energie angereichert.

Chi Kung vereinigt fünf Aspekte in sich: Atemtherapie, körperliches Training, Psychotherapie, Meditation und Akupunktur. Der Atem spielt dabei eine große Rolle. Durch langsame Bewegungen wird die Energie, die mit dem Atem aufgenommen wird, durch die Meridiane gelenkt. Dabei ist die geistige Wachheit und Aufmerksamkeit, also eine meditative Haltung, von Bedeutung: Die Übungen haben stets auch einen geistigen Anteil, wirken also auch bei psychischen Problemen.

Welche Erfolge durch Chi Kung errungen werden, kann man ahnen, wenn man die unglaublichen Leistungen chinesischer Artisten betrachtet; manche Fähigkeiten von Chi-Kung-Meistern grenzen schon fast ans Übernatürliche und sind mit Hilfe der westlichen Wissenschaften nicht mehr leicht zu erklären. So wird berichtet, daß sich Chi-Kung-»Künstler« von Lastwagen überfahren ließen, ohne irgendeinen Schaden davonzutragen. Chi Kung ist nach Berichten von europäischen Medizinern, die Krankenhäuser in China besuchten, dazu in der Lage, Krankheiten zu lindern oder sogar zu heilen – vor allem langsam fortschreitende chronische Krankheiten, wie beispielsweise Krebs oder Tuberkulose.

Eine große Rolle in der chinesischen Medizin, also auch im Chi Kung, spielen Yin und Yang. Yin und Yang sind die jeweils gegensätzlichen Pole einer Ganzheit: weiblich-männlich, dunkel-hell, weich-hart usw. In den chinesischen Schriften heißt es, daß Krankheiten körperlicher und psychischer Art durch ein Ungleichgewicht von Yin und Yang entstehen. Mit der Lenkung der Energie im Chi Kung wird das Gleichgewicht zwischen den beiden Kräften wiederhergestellt und auf diese Weise die natürliche, gesunde Harmonie in uns erreicht.

Entspannungstraining

Entspannungstraining ist ein weiter Begriff; auch Yoga und andere Methoden sind in gewisser Weise Entspannungsmethoden. Wir wollen hier lediglich einige Techniken vorstellen, deren Hauptaspekt die Entspannung ist. Die Muskelentspannung nach Jacobsen ist wohl die einfachste Entspannungsmethode. Dabei spannt der Übende nacheinander alle Muskeln des Körpers an und entspannt sie dann wieder; durch die vorangehende Anspannung wird die Entspannung stark erleichtert und die Körperwahrnehmung gefördert.

Autogenes Training hat mittlerweile eine sehr große Verbreitung bei uns gefunden. Die Ziele des AT sind recht umfassend: Erholung, Selbstregulierung ansonsten unwillkürlicher Körperfunktionen, psychische und körperliche Beruhigung und Schmerzbekämpfung sind einige der Hauptaspekte. Das Prinzip des AT beruht auf der Wirkung von Autosuggestion, also Selbsthypnose, in einem tiefen Entspannungszustand. In diesem Zustand wirken Vorsatzformeln besonders gut, und das Unterbewußtsein kann sozusagen »programmiert« werden.

Das Feldenkrais-Training ist eine Entspannungsmethode, die sich zum Ziel gesetzt hat, »Bewußtheit durch Bewegung« (so lautet auch der Titel eines Buches von Moshe Feldenkrais) zu erreichen. Dabei werden alle Bewegungen langsam, entspannt und bewußt ausgeführt, wobei sich mit der Zeit ein deutlich besseres Gefühl für den eigenen Körper und dessen Möglichkeiten entwikkelt.

Wyda

Das Wyda ist eine Übungsweise, die von den keltischen Priestern und Heilern, den Druiden, praktiziert wurde.* Mit Hilfe dieser Gesundheitslehre gelang es ihnen, ein für die damalige Zeit unglaubliches Alter und vollkommene Gesundheit zu erreichen. Auch das Wyda ist eine ganzheitliche Lehre, die sowohl körperliche, seelische und geistige Kräfte anspricht, miteinander in Harmonie bringt und schließlich in einer Ganzheit vereinigt.

Das geschieht durch körperliche Bewegungen, die mit bestimmten Konzentrationsübungen und teilweise mit gesungenen Tönen verbunden werden.

Das Wyda kennt drei Stufen; in der ersten wird die Bewußtheit für die körperlichen, seelischen und geistigen Abläufe geweckt, in der zweiten wird die Aufmerksamkeit auf die gegenseitigen Beeinflussungen von Körper, Seele und Geist gelenkt und in der dritten lernt der Übende, wie er schließlich alle drei Wesenskräfte zu einer umfassenden Energie vereinen kann.

Im Laufe der Übungen verfeinern sich zunächst die Wahrnehmungen, dann verbessern sich die körperlichen, seelischen und geistigen Abläufe, so daß sich eine robuste Gesundheit einstellt.

Besonders beachtenswert ist, daß durch Wyda ganz gezielt die Leistungsfähigkeit in allen Bereichen des menschlichen Lebens gesteigert wird. Die zunächst körperlichen Übungen führen also nicht nur zu einem besseren Gesundheitszustand, sondern auch die geistige Leistungsfähigkeit und emotionale Stabilität steigen.

* An dieser Stelle möchten wir auf unser Buch hinweisen: Wyda – die Kraft der Druiden, Freiburg 1989.

Alles, was über die Druiden bekannt ist, zeigt, daß ihr Übungssystem äußerst wirksam war. Leider wurde nur wenig davon überliefert, da die Druiden aus religiösen Gründen keine schriftlichen Aufzeichnungen anfertigten. Das Wyda wurde jedoch in einigen wenigen irischen Familien über die Jahrhunderte hinweg bewahrt. Wyda ist eine der wenigen ganzheitlichen Übungsweisen, die ihren Ursprung in unserer westlichen Kultur haben.

Do-in und Shiatsu

Shiatsu wurde erst in diesem Jahrhundert in Japan entwickelt. Es baut auf Do-in, einer yoga-ähnlichen Übungsweise, und Anma, einer Art östlicher Massage, auf. Auch Shiatsu gleicht in gewisser Weise der Massage. Im Shiatsu vereinigen sich alte japanische Techniken mit dem medizinischen Wissen des Westens.

Allerdings ist Shiatsu viel weniger auf verstandesmäßiges Erfassen und Wissenschaft ausgerichtet als die westliche Medizin.

Ähnlich wie in der chinesischen Akupunktur werden bestimmte Punkte auf dem Körper angeregt, um Krankheiten, aber auch psychische Probleme zu lindern oder zu beheben. Allerdings verwendet man im Shiatsu keine Nadeln, sondern hauptsächlich die Fingerspitzen, um bestimmte Punkte auf der Haut zu drücken und zu massieren.

Auch Shiatsu ist eine ganzheitliche Methode; denn es geht nicht nur um die heilsame Beeinflussung körperlicher Abläufe, sondern auch um die Steigerung der Bewußtheit des Patienten.

Ganzheitliche Psychologie

Die Psychologie versucht das Verhalten, das Denken und die Gefühle des Menschen zu verstehen und zu erklären. Dabei wird meist davon ausgegangen, daß durch die Erforschung und Analyse von elementaren Einzelheiten tiefere Schichten menschlichen Bewußtseins erreicht werden können; als Beispiel sei hier die klassische Psychoanalyse Sigmund Freuds genannt.

Wir werden aber – glücklicherweise! – nie dazu in der Lage sein, jede Facette des menschlichen Denkens zu erklären. Es gibt inzwischen viele sich davon unterscheidenden Ansätze, das Bewußtsein und dessen Möglichkeiten zu erforschen. Die ersten Theorien mit explizit ganzheitlichem Anspruch wurden von der Gestalt-Psychologie aufgestellt; diese und weiterentwickelte Ansätze der ganzheitlichen Psychologie zielen nicht so sehr darauf ab, Gefühlsregungen zu erklären, sondern versuchen praktische Hinweise auf die Möglichkeiten des Menschen zu geben, sich selbst zu verwirklichen und das eigene Spektrum zu erweitern.

Der individuelle Weg

Es kann nicht oft genug wiederholt werden: Jeder Mensch ist verschieden. Nicht jeder kann den gleichen Weg gehen, denn jeder hat einen anderen Ausgangspunkt, von dem aus er seinen Weg beschreitet. Deshalb kann man auch nicht jedem die gleichen Hilfsmittel auf seinem persönlichen Weg zu Erfolg, Gesundheit, Ausgeglichenheit oder Selbstverwirklichung empfehlen.

Die Unterschiede sind in allen Bereichen zu finden. Im körperlichen ist es klar, daß Gewicht, Flexibilität und Ausdauer bei der Wahl des individuellen Übungsprogramms beachtet werden müssen. Jemand mit hohem Übergewicht wird beispielsweise viele Yoga-Stellungen überhaupt nicht ausführen können. Jemandem, der nur eine sehr geringe Ausdauer besitzt, wird man keinen Gefallen tun, wenn man ihm ein besonders anstrengendes Konditionstraining empfiehlt; mit allergrößter Wahrscheinlichkeit wird er es ohnehin nicht durchhalten.

Dasselbe gilt im emotionalen und geistigen Bereich. Auch hier ist es wichtig, daß die Übungen vom Übenden ausführbar sind, daß er sie gerne ausführt und daß er durchhält, bis er sein Ziel erreicht hat – möglichst sogar noch darüber hinaus.

Weiterhin ist es wichtig, im Auge zu behalten, daß stets alle drei Wesensbereiche des Menschen – Körper, Geist und Gefühl – miteinander in Wechselwirkung stehen. Der Gesundheitszustand beeinflußt zum Beispiel das Gefühlsleben; das hat wohl jeder erfahren, der einmal schwer krank war. Aber auch die Gesundheit wird umgekehrt von Gedanken und Gefühlen beeinflußt; auf diese Weise können psychosomatische Krankheiten entstehen.

Es gibt also viel zu bedenken, wenn man ein ganzheitliches und individuelles Übungsprogramm zusammenstellen will. Am besten wäre es daher natürlich, wenn jeder seinen eigenen Lehrer hätte, der in Psychologie, Medizin und möglichst vielen Übungsmethoden ausgebildet wäre. Da das aber nicht zu realisieren ist, versuchen die meisten Interessierten irgendwelche Übungssysteme, zum Beispiel Yoga oder Autogenes Training zu erlernen, auf die man mehr oder weniger zufällig stößt.

Dies kann Probleme mit sich bringen. Es geschieht häufig, daß Menschen, die eine solch zufällig entdeckte Methode beginnen, schon bald wieder aufgeben, weil sie ihnen nicht liegt. Oft bleibt es auch beim ersten Versuch, und man resigniert; spätestens aber nach dem zweiten oder dritten Fehlschlag. Natürlich hat der eine oder andere auch Glück und findet auf Anhieb »seine« Methode.

Aber auch dann bleibt die Frage offen, ob dies wirklich die persönlich optimale Methode sei, oder ob es vielleicht doch noch bessere Möglichkeiten gäbe. Daß jede Methode von sich selbst behauptet, für alle Menschen und für alle Probleme das Wahre und Richtige zu sein, macht einem die Entscheidung nicht gerade leichter. Wir haben versucht einen Ausweg aus diesem Dilemma zu finden, indem wir untersuchten, welche Menschen sich mit welchen Übungen wohlfühlen und wem diese Übungen helfen.

Als Ergebnis entwickelten wir einen Test (siehe Seite 16 ff.), der es ermöglicht, sich einem von acht Persönlichkeitstypen zuzuordnen. Wir geben dann für jeden dieser Persönlichkeitstypen Hinweise, welches Übungssystem oder welche Kombination von Übungssystemen ihm wohl am ehesten liegt.

Wir konnten feststellen, daß die Anzahl der Personen, die dann bei diesen Übungen bleiben, viel höher ist, als wenn die Auswahl nur zufällig erfolgt. Außerdem haben wir aus den verschiedensten Übungssystemen für jeden Persönlichkeitstyp sechs Übungen ausgewählt, die auf seine ganz individuellen Probleme eingehen. Auf diese Art werden wir natürlich keinen persönlichen Lehrer ersetzen können, aber wir hoffen, diesem Ideal doch so nahe wie möglich zu kommen.

Die Ausgeglichenheit von Körper, Seele und Geist

Unsere körperliche Verfassung beeinflußt unser Fühlen und Denken, unser seelischer Gefühlszustand wirkt sich auch im körperlichen und geistigen Bereich aus und unser Geist kann teils bewußt, teils unbewußt, bis zu einem gewissen Grad Körper und Gefühlsleben kontrollieren. In den beiden untenstehenden Abbildungen haben wir versucht, einige positive und negative Wechselwirkungen darzustellen.

In jedem der drei Bereiche Körper, Seele und Geist hat man entweder eher viel oder eher wenig Energie. Nehmen wir beispielsweise einen Menschen, der über viel körperliche und seelische, aber eher weniger geistige Energie verfügt. Ein solcher Mensch tendiert vermutlich dazu, wenig über seine Handlungen nachzudenken; seine hohe emotionale Energie führt dazu, daß er relativ leicht in Aufregung gerät, und wegen seines hohen körperlichen Potentials setzt er diese Aufregung möglicherweise körperlich um. Das heißt, daß dieser Mensch wahrscheinlich eine latente Tendenz zur Aggressivität besitzt.

Insgesamt gibt es acht verschiedene Möglichkeiten, wie die Energien verteilt sein können. Dem entsprechen dann auch die acht Persönlichkeitstypen, die wir in diesem Buch ansprechen wollen. Der Test ermöglicht es Ihnen festzustellen, wie die Energien bei Ihnen verteilt sind. Die Übungen, die wir dann für Ihren Typ vorschlagen werden, bewirken, daß sich Ihre drei Energien oder Wesenskräfte langsam ausgleichen. Diese harmonisierende Wirkung entsteht auf ganz unterschiedliche Weise, je nachdem, welcher Wesensbereich angesprochen wird und ob dessen Energie erhöht oder verringert werden soll. Beispielsweise wirken Yogaübungen ganz gezielt anregend auf bestimmte Organe und Drüsen. Diese vorerst körperliche Übung wirkt dann weiter – zum Beispiel dadurch, daß bestimmte Hormone ausgeschüttet werden – auf das Gefühlsleben und den geistigen Zustand. Manche Meditationsübungen erreichen eine gewisse Verlangsamung des Herzschlages. Dadurch wird auch eine Beruhigung des seelischen Zustandes erreicht; eine in erster Linie geistige Übung wirkt sich hier also auch auf Körper und Seele aus.

Der Ausgleich von Körper, Seele und Geist bringt sehr weitgehende Wirkungen auf alle Aspekte des Lebens mit sich. Mit der Harmonie der drei Wesenskräfte stellt sich zunächst natürlich ein Gefühl ganzheitlicher Harmonie ein: Man fühlt sich zufriedener, ausgeglichen und optimistisch. Dieses Gefühl wird in vielerlei Hinsicht bestätigt: Die Gesundheit wird stabiler, der Kontakt mit anderen Menschen wird leichter, die geistige Wachheit und Leistungsfähigkeit steigen.

Durch das Zusammenwirken von Seele und Geist wird die Intuition verläßlicher; das Zusammenspiel von Geist und Körper führt zu einer besseren Kontrolle der körperlichen Abläufe, und die Verbindung von Seele und Körper macht sich in einem größeren Wohlbefinden bemerkbar.

Das sind nur einige Beispiele; das Gefühl der wiedergefundenen Ganzheit läßt sich nur schwer beschreiben – vielleicht werden Sie selbst sehen …

Der Mensch und seine Umwelt

Man sollte eigentlich annehmen, daß der Fortschritt, die vielen technischen Hilfsmittel, die uns zur Verfügung stehen, die moderne Medizin und der hohe Lebensstandard dazu geführt hätten, daß die Menschen zufriedener, gesünder und ausgeglichener geworden sind.

Leider ist aber gerade das Gegenteil davon zu beobachten. Es scheint, als ob sich unsere Kultur wieder mehr den wirklich menschlichen Werten zuwenden müßte. Denn die an sich durchaus positiven Möglichkeiten unserer Zivilisation haben sich in vielen Bereichen ins Gegenteil verkehrt. Technik und Industrie vernichten unsere Lebensgrundlagen in der Natur, der technische Fortschritt und die heutige Wissenschaftsgläubigkeit führen zur Abkehr von den inneren Wirklichkeiten.

Die Medizin degradiert den Menschen zum Versuchsobjekt für immer ausgefeiltere Überlebensmaschinerien und ist völlig auf eine Heilung von außen her ausgerichtet, ohne die Frage zu stellen, wie sich die Gesundheit erhalten läßt und wie die umfassenden Zusammenhänge zwischen Krankheiten und psychischen Vorgängen aussehen.

Es ist also nötig, besonders auf die Probleme einzugehen, die sich aus dem modernen Leben ergeben und die leider von der Medizin immer noch vernachlässigt werden. Diese Probleme betreffen zwar den Menschen als Ganzes, aber man kann doch bei jedem Hauptbetonungen in jeweils einem der Bereiche Körper, Seele oder Geist erkennen.

Unser Körper bekommt meistens viel zu wenig Bewegung, die er aber dringend benötigt, um seine Funktionen aufrechtzuerhalten. Der Mensch ist von seinem Körperbau her eigentlich nicht dafür geeignet, stundenlang zu sitzen; die aufrechte Haltung im Stehen oder Gehen ist uns viel angemessener. Schon in der Schule beginnt heute aber die Erziehung zum sitzenden Menschen. Haltungsfehler und Verspannungen sind inzwischen schon die Norm.

Diese Haltungsfehler und Verspannungen bewirken wiederum, daß auf die inneren Organe ein falscher Druck ausgeübt wird, so daß sie in ihren Funktionen behindert werden. So verschiebt sich allmählich unser gesamtes körperliches Gleichgewicht zum Negativen hin.

In zunehmendem Maße leiden wir auch unter Schäden, die durch Ernährung und Umweltgifte hervorgerufen werden.

Wenn unser Körper schon vielen schädigenden Einflüssen ausgesetzt ist, so gilt dies erst recht für unser Seelenleben. Die vielen Ursachen von emotionalem Streß aufzuzählen, würde den Rahmen dieses Kapitels bei weitem sprengen. Einige der wichtigsten Probleme wollen wir aber dennoch erwähnen. Im heutigen Berufsleben kommt es oft vor, daß man psychischem Streß durch Kollegen oder Vorgesetzte ausgesetzt ist und daß man emotional überfordert wird. Nur selten ist es möglich, die aufgestauten Gefühle, wie Ärger, Wut oder Unzufriedenheit, herauszulassen; zu sehr ist unser Alltag von teilweise überkommenen Traditionen, Konventionen und gesellschaftlichen Zwängen geprägt.

Diese Probleme werden durch unsere anonyme Massengesellschaft noch weiter verstärkt. Die eigentliche Grundlage aller emotionalen Belastungen stellen bewußte und unbewußte Ängste dar. Ängste können sich auf fast alles beziehen, aber stets ist ihnen eins gemeinsam: sie verursachen in uns ein unangenehmes Gefühl und sind meist vollkommen unnötig. Ängste erfüllen nur dann eine Funktion, wenn sie uns vor einer konkreten Gefahr warnen, zum Beispiel die Angst vor einem angreifenden Tier. Ansonsten fügen sie unserem Alltag nur noch unnötige Unannehmlichkeiten hinzu.

Im geistigen Bereich, im Bereich des Denkens, scheint es zunächst, als ob wir hier keine größeren Probleme kennen würden. Tatsächlich wird ja auch oft gesagt, daß der westliche Mensch »kopflastig« sei. Aber das ist nicht ganz richtig; es stimmt lediglich, daß hier bei uns im Westen das Wissen und die Wissenschaft eine große Rolle spielen. Dies erweitert unseren Verstand aber keineswegs, es engt ihn vielmehr ein.

Dieser Prozeß beginnt bereits in unserer Kindheit, wenn wir in die Schule kommen, und setzt sich in der Universität und im Berufsleben fort. Unser Geist, der eine wichtige Rolle in der Koordination unserer emotionalen, körperlichen und mentalen Kräfte spielt, bedarf also ganz besonders der Förderung.

Nicht trotz, sondern gerade wegen unserer technischen Kultur bedürfen wir einer Erweiterung unseres ganzheitlichen Wesens. Nur durch die Harmonisierung dieses ganzheitlichen Wesens wird es auf Dauer gelingen, mit uns und unserer Umwelt in Einklang zu leben.

Persönlichkeitstests

Der Test dient dazu, einige Aspekte Ihrer Persönlichkeit genauer darzustellen, die von Bedeutung für die Wahl der für Sie persönlich vorteilhaftesten Übungen sind. Es ist hier nicht beabsichtigt oder möglich, ein umfassendes und präzises Bild Ihrer Gesamtpersönlichkeit zu entwerfen, sondern es geht darum, einige wichtige Anhaltspunkte zu finden, wie Ihre körperlichen, emotionalen und mentalen Energien miteinander harmonieren. Denken Sie daran, daß Sie den Test nur für sich selbst machen. Seien Sie also sich selbst gegenüber offen und ehrlich; nur so hat das Testergebnis einen Sinn.

Manche Fragen mögen Ihnen sinnlos, nicht mit dem Ergebnis zusammenhängend oder nicht klar beantwortbar erscheinen. Wenn beispielsweise die Frage gestellt wird, ob Sie sportlich, geistig aktiv oder öfter krank sind, geht es nicht darum, daß Sie anhand »objektiver« Kriterien etwas feststellen sollen. Geben Sie bitte die Antwort, die Ihnen als erstes durch den Kopf geht. Bedenken Sie, daß dieser Test in umfangreichen Voruntersuchungen erstellt, ausprobiert und geprüft wurde.

Das Testergebnis ermöglicht es Ihnen, anhand eines Persönlichkeitsprofils, welches das Verhältnis Ihrer körperlichen, emotionalen und geistigen Energien darstellt, sich einem von acht grundlegenden Persönlichkeitstypen zuzuordnen. Diese acht Typen können natürlich nicht allen Aspekten Ihrer Persönlichkeit gerecht werden; dies ist ja selbst bei wesentlich umfangreicheren klinischen Tests eher fraglich. Wir haben jedoch feststellen können, daß es bezüglich der Übungswege, die der Selbstfindung und Selbstverwirklichung dienen, nur eine begrenzte Anzahl gibt.

Die Bezeichnungen der Typen, etwa »der ängstliche Mensch« oder »der aggressive Mensch«, deuten auf ein Problem hin, das sich aus dem Verhältnis der vitalen, emotionalen und mentalen Kräfte ergibt. Das muß nicht bedeuten, daß diese Eigenschaft bei Ihnen deutlich ausgeprägt oder gar dominant wäre. Die Kräfteverhältnisse Ihrer Persönlichkeit bestimmen lediglich eine vorhandene, möglicherweise verborgene Tendenz. Vielleicht ist das Ergebnis überraschend für Sie; gerade dann ist Ihnen die Möglichkeit gegeben, bisher unerkannte Aspekte Ihres Unterbewußtseins und damit sich selbst besser verstehen zu lernen. Erst dann können Sie auch gezielt an bestimmten Aspekten Ihrer Persönlichkeit arbeiten.

Am besten ist es, wenn Sie sich während des Tests »wie immer« fühlen. Wenn Sie sich besonders gut fühlen, bedeutet das meistens, daß Ihre Energien momentan besonders ausgeglichen sind; warten Sie in diesem Fall lieber noch ein wenig, bevor Sie sich testen. Schließlich wollen Sie ja gerade Ihre Problembereiche feststellen. Für die Durchführung benötigen Sie Papier, Bleistift, eine Uhr mit Sekundenzeiger und etwa eine halbe Stunde Zeit. Nun viel Spaß!

Teil A

1. Treiben Sie aktiv Sport, oder taten Sie dies früher?
a. ja
b. ja, aber selten
c. nein

2. Fällt es Ihnen schwer, längere Zeit völlig ruhig still zu sitzen?
a. ja
b. manchmal
c. nein

3. Wieviele Sportarten betreiben Sie oder haben Sie betrieben?
a. mehr als drei
b. mehr als eine
c. eine oder keine

4. Bewegen Sie sich gern?
a. ja, meistens
b. manchmal
c. eher nicht

5. Welches Ergebnis bringt bei Ihnen die Formel: Körpergröße (in Zentimeter) minus Gewicht (in Kilogramm)
a. 95 bis 105
b. 90 bis 95 oder 105 bis 110
c. unter 95 oder über 110

6. Haben Sie oft kalte Hände oder Füße?
a. nein, eigentlich nie
b. manchmal schon
c. ja, das kommt relativ oft vor

7. Werden Sie öfter als die meisten Ihrer Bekannten krank?
a. nein, eher seltener
b. ebenso oft
c. ja, leider

8. Neigen Sie dazu, eher schnell zu essen?
a. ja, ich esse schon ziemlich schnell
b. nein, ich esse durchschnittlich schnell
c. nein, ich esse eher langsam

9. Sind Sie im Vergleich zu anderen Menschen besonders aktiv?
a. ja, manchmal vielleicht zu aktiv
b. ich bin etwa genauso aktiv wie die meisten
c. nein, ich bin ein eher ruhiger Typ

10. Geraten Sie leicht außer Atem?
a. nein
b. manchmal, zum Beispiel beim Treppensteigen
c. ja

11. Ist es Ihnen lieber zu handeln als Pläne zu schmieden?
a. ja, in den allermeisten Fällen
b. kommt darauf an, um was es geht
c. nein; Pläne schmieden macht mir mehr Freude

12. Welche der folgenden Tätigkeiten wäre Ihnen am liebsten?
a. Fallschirmspringen
b. Wandern
c. Sonnenbaden

13. Wie würden Sie Ihre körperliche Verfassung einschätzen?
a. gut
b. durchschnittlich
c. schlecht

14. Singen Sie oder spielen Sie ein Instrument?
a. ja, regelmäßig
b. selten
c. nein

15. Fühlen Sie sich unausgelastet?
a. ja
b. manchmal
c. nein

16. Versuchen Sie mit geschlossenen Augen die Zeigefinger vor dem Gesicht zusammenzuführen. Gelingt Ihnen das?
a. ja, ohne weiteres
b. ja, wenn ich mich konzentriere
c. erst nach einigem Probieren (oder überhaupt nicht)

17. Stehen Sie auf einem Bein und schließen Sie kurz die Augen. Beginnen Sie zu schwanken?
a. nein, es gelingt mir problemlos
b. ja, etwas schwanke ich schon
c. ja, ich muß die Augen sofort wieder öffnen, um nicht zu fallen.

18. Legen Sie einen Bleistift vor Ihre Füße. Gehen Sie nun (blind) drei Schritte rückwärts und wieder drei

Schritte nach vorn. Befinden Sie sich wieder in Ihrer Ausgangsstellung?
- a. *ja, nur wenige Zentimeter davon entfernt*
- b. *fast, ungefähr eine Handbreit davon entfernt*
- c. *nein, etwa einen Fuß davon entfernt*

19. Nehmen Sie ein Blatt Papier am oberen Rand zwischen Daumen und Zeigefinger. Öffnen Sie so schnell Sie können die Finger und schließen Sie sie wieder. Wie oft konnten Sie bei fünf Versuchen das Papier festhalten?
- a. *4 bis 5mal*
- b. *2 bis 3mal*
- c. *0 bis 1mal*

20. Rauchen Sie?
- a. *nein, niemals*
- b. *gelegentlich; zum Beispiel in Gesellschaft*
- c. *ja, regelmäßig*

Teil B

1. Welcher Bereich ist oder wäre Ihnen in Ihrem Beruf am wichtigsten?
- a. *guter Kontakt zu Kollegen*
- b. *neue Menschen treffen*
- c. *Ruhe*

2. Welches der folgenden Tiere wären Sie am liebsten?
- a. *Wildgans*
- b. *Reh*
- c. *Tiger*

3. Können Sie Ihren Gefühlen leicht Ausdruck verleihen?
- a. *ja*
- b. *das kommt darauf an*
- c. *nein*

4. Geben Sie ab und zu etwas an?
- a. *ja, das kommt schon einmal vor*
- b. *selten*
- c. *nie*

5. Können Sie sich an Ihre Träume erinnern?
- a. *ja; eigentlich jeden Tag*
- b. *manchmal; mindestens an zwei Träume in der Woche*
- c. *selten; vielleicht ein- bis zweimal im Monat*

6. Welcher der drei folgenden Aussagen können Sie am ehesten zustimmen?
- a. *Man müßte sich mehr um andere kümmern.*
- b. *Man sollte sich erst einmal um sich selbst kümmern.*
- c. *Jeder ist sich selbst der nächste.*

7. Welche der folgenden Eigenschaften finden Sie am wichtigsten?
- a. *Einfühlungsvermögen*
- b. *Freundlichkeit*
- c. *Toleranz*

8. Wenn Sie sehen, daß ein Freund/eine Freundin weint, was würden Sie am ehesten tun?
- a. *sie/ihn in die Arme nehmen und trösten*
- b. *sie/ihn in Ruhe lassen*
- c. *sie/ihn auslachen*

9. Haben Sie manchmal das Gefühl, ohne Anlaß plötzlich weinen oder lachen zu müssen?
- a. *ja, oft*
- b. *manchmal*
- c. *nein, nie*

10. Sie treffen einen guten Freund/eine gute Freundin nach langer Zeit wieder; was tun Sie?
- a. *ihm/ihr voller Freude um den Hals fallen*
- b. *ihm/ihr sagen, daß Sie sich sehr freuen*
- c. *ihn/sie wie sonst begrüßen*

11. Neigen Sie dazu, bei Auseinandersetzungen zu schreien?
- a. *ja, das passiert mir recht oft*
- b. *manchmal; aber eher selten*
- c. *nein*

12. Konsumieren Sie Alkohol oder andere Drogen?
- a. *relativ oft*
- b. *manchmal, aber nicht sehr oft*
- c. *nein, nur in Ausnahmefällen*

13. Wann hören Sie Musik?
- a. *nur in besonderen Situationen und Stimmungen*
- b. *wenn ich Zeit dazu finde*
- c. *ich weiß nicht*

14. In der folgenden Zeichnung sehen Sie drei Personen. Welche davon wären Sie am liebsten?
a. Person A
b. Person B
c. Person C

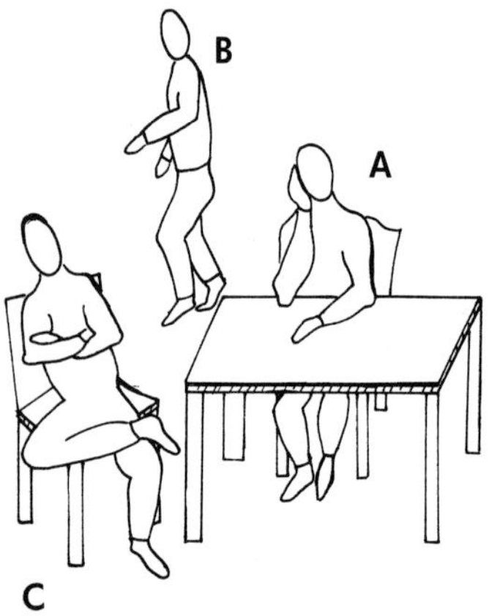

15. Beschweren Sie sich, wenn das Essen in einem guten Restaurant nicht zu Ihrer Zufriedenheit ist?
a. nein, eher nicht
b. vielleicht, das kommt darauf an
c. ja, auf jeden Fall

16. Sie sehen auf einer öffentlichen Veranstaltung jemanden, der Ihnen sympathisch ist. Würden Sie diese unbekannte Person ansprechen?
a. ja, bestimmt
b. da müßte sie mir schon sehr sympathisch sein
c. nein, das würde ich nicht tun

17. In einem Gespräch greift Sie jemand persönlich an. Wie reagieren Sie?
a. Sie werden rot oder werden wütend
b. Es ist Ihnen peinlich, aber Sie lassen sich nichts anmerken
c. Sie weisen Ihren Gesprächspartner ruhig zurecht

Welche der drei folgenden Farben mögen Sie am liebsten?

18. *a. rot*
b. grün
c. gelb

19. *a. grün*
b. braun
c. grau

20. *a. schwarz*
b. grau
c. weiß

Teil C

Schreiben Sie jeweils innerhalb einer Minute soviele Hauptwörter mit dem Anfangsbuchstaben
1. *B*
2. *M*
3. *T*
auf, soviel Sie können. Pro Buchstaben haben Sie also eine Minute Zeit. Zwischen den Buchstaben können Sie Pausen machen.
Zählen Sie nun, wie viele Wörter Ihnen eingefallen sind; Wörter die Sie zweimal aufgeschrieben haben, zählen nur einmal. Wie viele Wörter haben Sie gezählt?

1.
a. über 13
b. über 8
c. unter 8

2.
a. über 16
b. über 10
c. unter 10

3.
a. über 15
b. über 10
c. unter 10

4. Haben Sie schon einmal außerhalb der Schule gemalt, gedichtet oder komponiert?
a. ja, oft
b. manchmal
c. selten oder nie

5. Sind Sie im Vergleich mit anderen Menschen geistig besonders aktiv?
a. ja, ich denke schon
b. ich schätze, daß ich etwa genauso aktiv bin
c. nein, eher weniger

6. Haben Sie manchmal Zweifel an Ihren eigenen Meinungen oder Einstellungen?
a. ja, öfter
b. manchmal
c. selten oder nie

7. Können Sie sich schneller als andere auf neue Situationen einstellen?
a. ja, meistens
b. das kommt darauf an
c. nein, ich brauche immer recht lange, um mich umzugewöhnen

8. Wissen Sie noch – ohne jetzt nachzusehen – Titel, Autor und Verlag dieses Buches?
a. ja, ich weiß noch alle drei Dinge
b. an eines der drei kann ich mich nicht mehr erinnern
c. ich weiß nur noch eines der drei, oder keines

9. Diskutieren Sie gern?
a. ja, meistens schon
b. das kommt auf das Thema an
c. nein

10. Wieviele Seiten lesen Sie in der Woche ungefähr?
a. über 100
b. über 50
c. weniger

11. Könnten Sie ohne Vorbereitung eine Geschichte erzählen?
a. ja, ohne weiteres
b. nicht besonders gut
c. nein, ich glaube nicht

12. Haben Sie das Gefühl, geistig überfordert zu sein?
a. nein, eigentlich nie
b. manchmal
c. das kommt öfter vor

13. Holen sich Bekannte gerne bei Ihnen Rat?
a. ja, oft
b. das kommt schon vor
c. nein, eher nicht

14. Hier sehen Sie ein eher abstraktes Bild. Schreiben Sie bitte eine Minute lang auf, was Sie in diesem Bild sehen, oder denken Sie sich passende Titel für das Bild aus. Zählen Sie nun bitte alle Begriffe und Titel, die Sie gefunden haben. Wieviele sind es?
a. über 10
b. über 6
c. weniger

15. Lesen Sie bitte den folgenden Text einmal (!) durch und zählen Sie dabei alle Buchstaben e.
»Dieser Test scheint doch ziemlich anstrengend zu sein. Man sollte sich gut konzentrieren, um ein gutes Ergebnis zu erzielen, meinen Sie bestimmt. Doch es geht nicht so sehr darum, ein besonders gutes Ergebnis zu erreichen, als vielmehr darum herauszufinden, welche Art der Übung für Ihre Persönlichkeit am besten geeignet ist.«
Welche Zahl kommt der Zahl der e's am nächsten?
a. 50
b. 47
c. 44

16. Wissen Sie, was in dem vorausgegangenen Text steht? (Nicht jetzt noch einmal lesen!) Schreiben Sie kurz auf, was Sie glauben und kontrollieren es dann. Stimmt alles?
a. ja, ich weiß noch genau, um was es ging
b. einige Dinge sind schon hängengeblieben
c. nein, ich habe mich nur auf das Zählen konzentriert

17. Nehmen Sie eine Uhr zur Hand und schauen Sie, wie lange Sie brauchen, um die Bedeutung des folgenden zu erkennen:
gnunnapstnE dnu tiekhcilnösreP
a. ich habe es sofort erkannt
b. ich habe etwa eine Minute gebraucht
c. ich habe es nicht herausgefunden (beziehungsweise länger als zwei Minuten benötigt)

Die folgenden Rechnungen berechnen Sie bitte nicht! Weder mit Taschenrechner, noch mit Stift und Papier und auch nicht mit Kopfrechnen. Schätzen Sie, welche der angegebenen Lösungen dem Ergebnis der Rechnung am nächsten käme. Folgen Sie beim Ankreuzen der Lösung bitte nur Ihrer Intuition.

18. 235 × 735
a. Hundertfünfzigtausend
b. Fünfzehntausend
c. Fünfzigtausend

19. 123456 : 123
a. Eintausend
b. Zehntausend
c. Dreitausend

20. Aussage A: Manche Hexen trinken gerne Bier.
Aussage B: Margarete ist eine Hexe.
Welchen Schluß lassen die beiden Aussagen zu?
a. gar keinen, weil nichts über alle Hexen ausgesagt ist
b. eine Hexe heißt Margarete
c. gar keinen, weil es keine Hexen gibt

Testauswertung

So, Sie haben's überstanden. Wenn Sie jetzt noch ein wenig rechnen, wissen Sie, zu welchem unserer acht Persönlichkeitstypen Sie am ehesten gehören.

	Teil A	Teil B	Teil C
Anzahl a	×2	×2	×2
Anzahl b	×1	×1	×1
Testwert			

Zunächst zählen Sie – für jeden Teil getrennt – wie oft Sie *(a)* und *(b)* jeweils angekreuzt haben; die Fragen, in denen Sie *(c)* angekreuzt haben, können Sie überspringen. Tragen Sie nun den doppelten Wert der *(a)*-Fragen und den einfachen Wert der *(b)*-Fragen in die Tabelle ein. Dabei sehen Sie in der ersten Zeile der Tabelle den Teil des Tests, den Sie bearbeiten. In die zweite Zeile schreiben Sie die doppelte Anzahl der mit *(a)* und in die dritte Zeile die einfache Anzahl der mit *(b)* beantworteten Fragen, immer separat für jeden Testteil.

In der vierten Zeile zählen Sie jetzt nur noch die jeweils darüber stehenden zwei Zahlen zusammen. Sie haben nun drei Zahlen als Ergebnis – eine für jeden Untertest. Dies sind die Testwerte, die Ihr persönliches Testprofil bilden. Um dieses Testprofil zu erhalten, tragen Sie diese Testwerte in die untenstehende Grafik ein. Dabei können Sie am Rand ablesen, auf welcher Höhe Sie im jeweiligen Bereich liegen. Sie haben jetzt in der Grafik drei Punkte eingetragen; wenn Sie diese Punkte nun verbinden, erhalten Sie Ihr Testprofil.

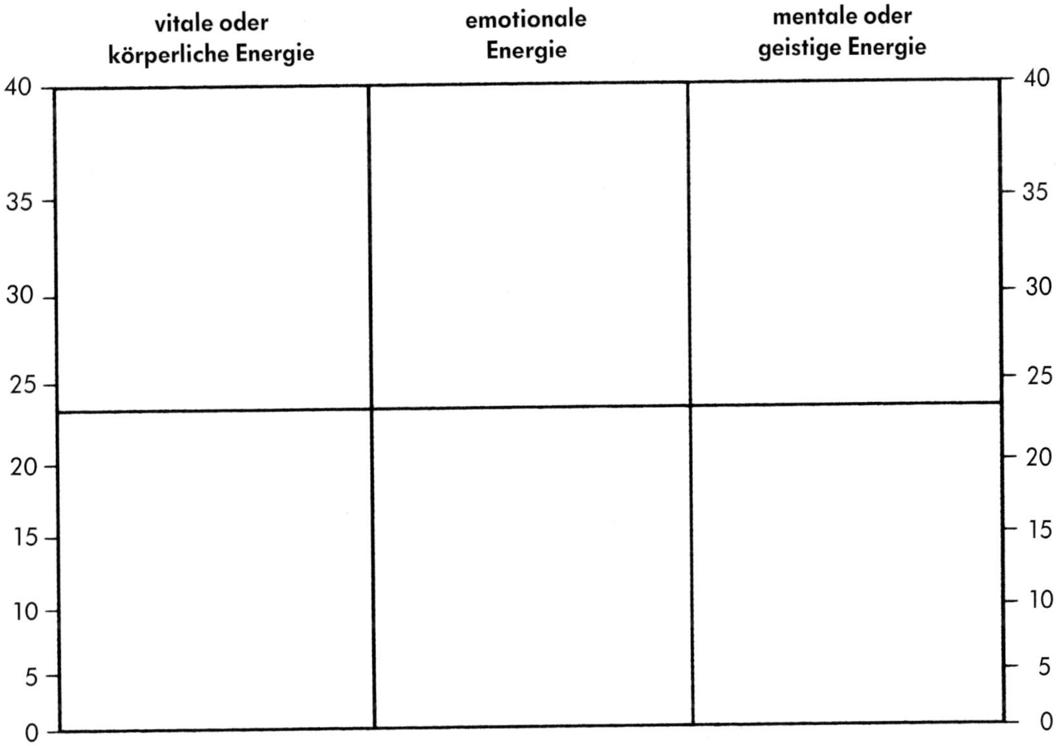

Das Profil, das Sie nun erhalten haben, stellt die Verhältnisse Ihrer vitalen (körperlichen), emotionalen (gefühlsmäßigen) und mentalen (geistigen) Energien dar. Dabei kommt es nicht so sehr auf die absolute Höhe der Werte, als vielmehr auf den Verlauf des Profils an, also die Form der Linie, die Sie erhalten haben. Der Idealverlauf ist eine verhältnismäßig gerade Linie in der oberen Hälfte der Grafik. Dies ist der ausgeglichene Mensch. Sollten Sie einer der wenigen Glücklichen sein, die ein solches Persönlichkeitsprofil aufweisen, können wir Ihnen nur gratulieren. Sie haben nur ein Problem: Sie haben das Buch eigentlich nicht nötig.

Um herauszufinden, welcher Persönlichkeitstyp Sie sind, vergleichen Sie Ihr Profil mit den acht untenstehenden. Welches kommt dem Ihren am nächsten?

Die acht Persönlichkeitsprofile

Höchstwahrscheinlich ist der Verlauf Ihres ganz individuellen Persönlichkeitsprofils nicht ganz genauso wie eines der acht oben gezeigten Grundprofile. Um es Ihnen etwas leichter zu machen, Ihren persönlichen Übungsweg zu finden, wollen wir noch an ein paar Beispielen zeigen, wie Sie Ihr Testprofil interpretieren können.

Interpretation zu Beispiel 1

Bei dieser Person liegen alle drei Energien im negativen Bereich. Der Verlauf des Profils ist aber dennoch deutlich ausgeprägt, und er entspricht dem Typ des depressiven Menschen. Beim Depressiven ist dies eher von Vorteil, da seine stark ausgeprägte emotionale Energie zu seinem Problem deutlich beiträgt. Für ihn sind die Übungen für den depressiven Menschen sehr hilfreich.

Interpretation zu Beispiel 2

In diesem Fall hat es die betreffende Person ziemlich schwer, eine eindeutige Zuordnung zu einem Typ zu finden, da der Testwert für die emotionale Energie genau zwischen den Werten für die körperliche und die geistige Energie liegt. Wenn Sie die acht Profile betrachten, können Sie erkennen, daß die Person dieses Beispiels genau zwischen dem Ängstlichen und dem Unsicheren liegt.

In diesem Fall ist auch keine Tendenz zur einen oder anderen Richtung zu erkennen. Wessen Profil so aussieht, sollte die Beschreibungen zu beiden fraglichen Typen lesen und dann entscheiden, welchem er sich zugehöriger fühlt. Es kann sinnvoll sein, die Übungsprogramme für beide Typen durchzuführen.

Interpretation zu Beispiel 3

In diesem letzten Fall ist die Kurve sehr flach. Der niedrigste Testwert liegt jedoch im mentalen Bereich, während die anderen beiden Werte etwas höher liegen. Der Verlauf entspricht also im Prinzip dem aggressiven Menschen. Entsprechend sollte auch das Übungsprogramm gewählt werden. Ein Profil mit sehr wenig Schwankungen zeigt aber stets eine Tendenz entweder zum ausgeglichenen oder aber zum trägen Typ. Bei so geringen Schwankungen, wie sie in diesem Fall vorliegen, hängt die Entscheidung davon ab, wo das Profil liegt. Läge der Profilverlauf dieses Beispiels ganz oben in der Profiltabelle, so würde man sicher eher von einem ausgeglichenen Menschen mit einer leichten Tendenz zum Aggressiven sprechen. Hier handelt es sich jedoch um diesen Typ, da im Profil zwei Werte im positiven liegen und einer im negativen Bereich.

Der Ausgeglichene

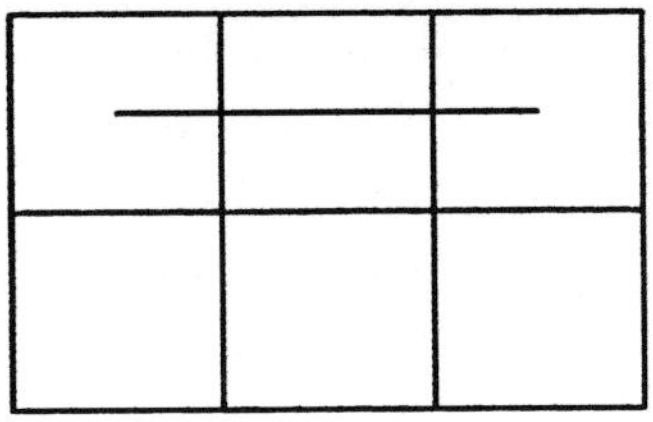

Der Ängstliche

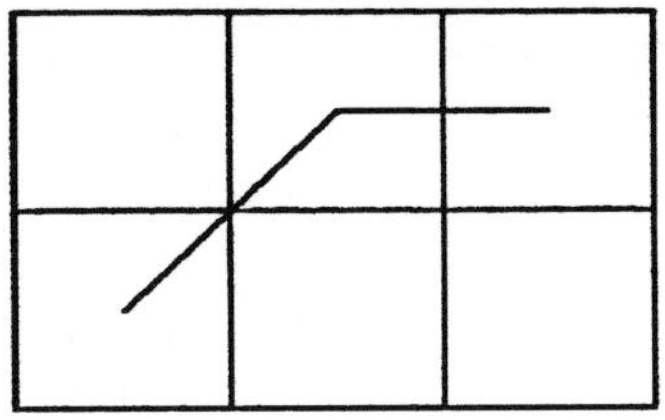

Der Nervöse

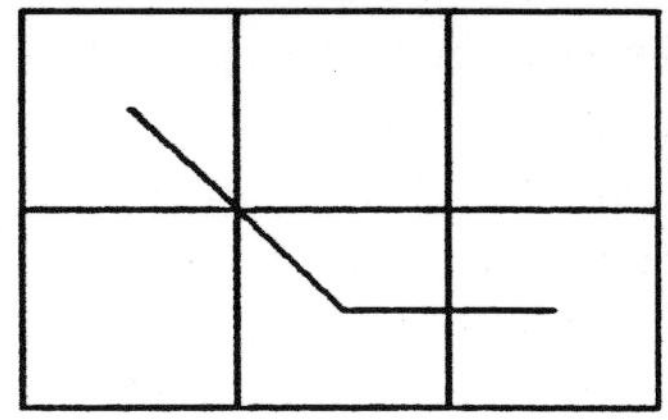

Der Aggressive

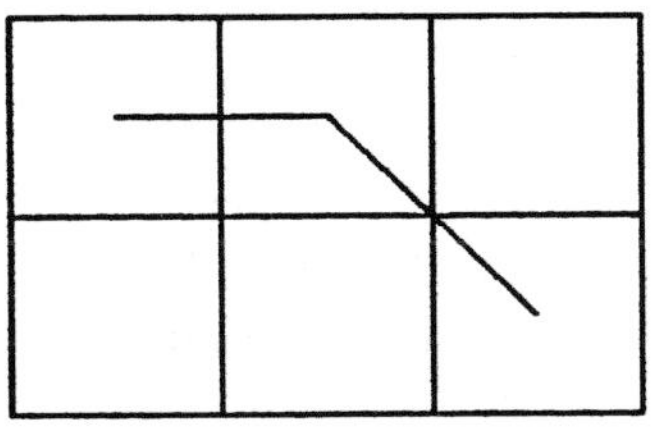

Der Unsichere

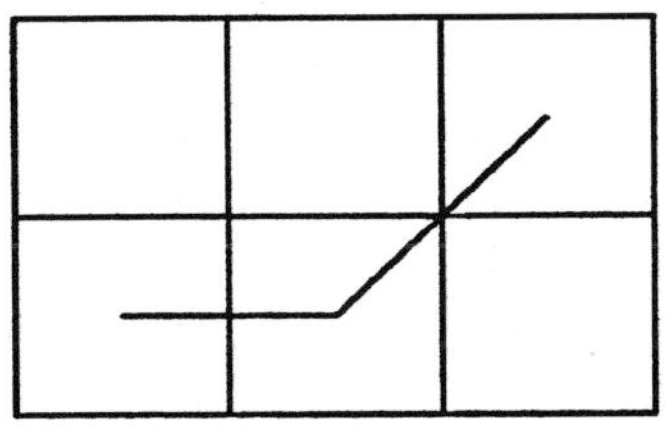

Der Depressive

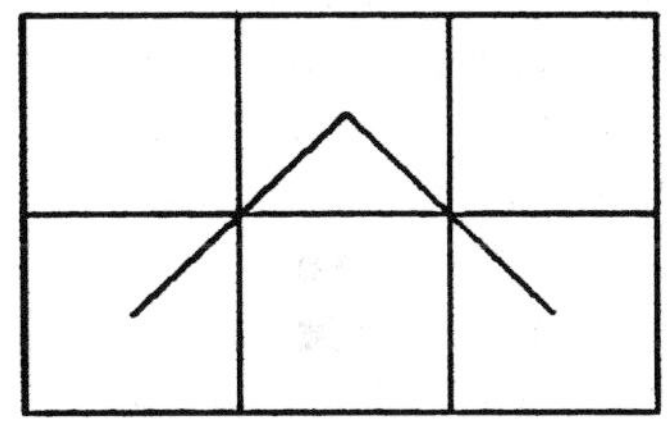

Der Gehemmte

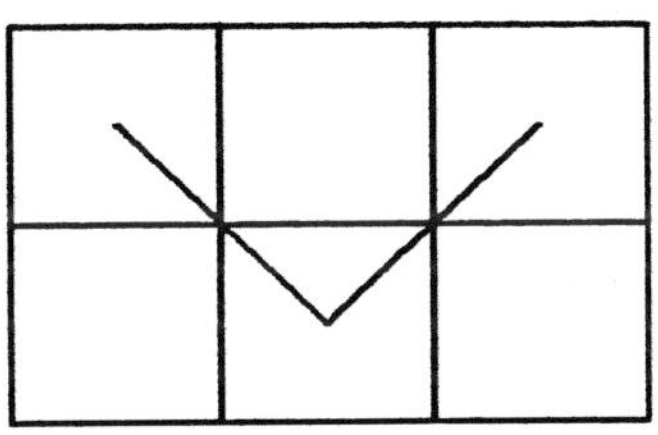

Der Träge

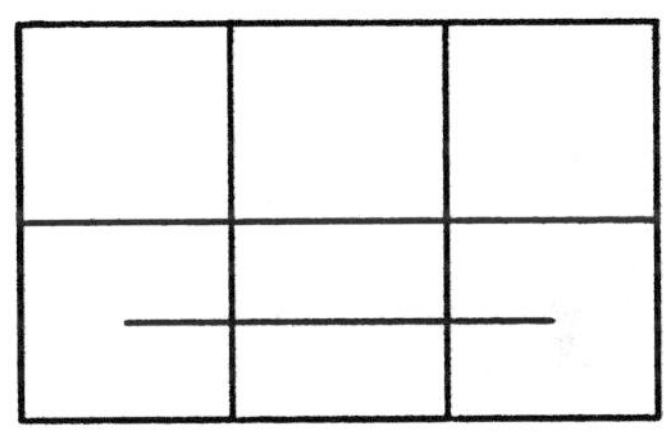

Beispiel 1

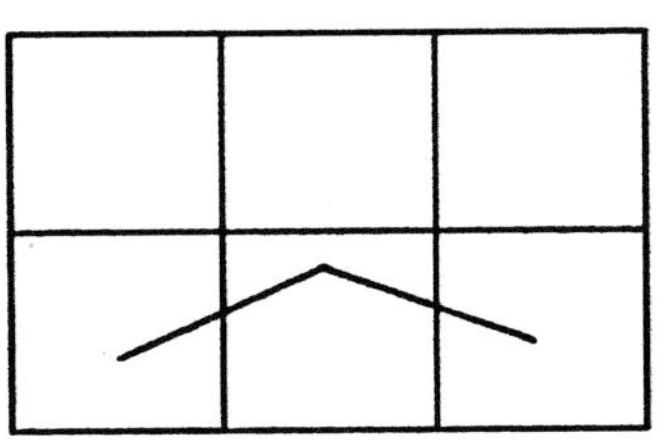

Beispiel 2

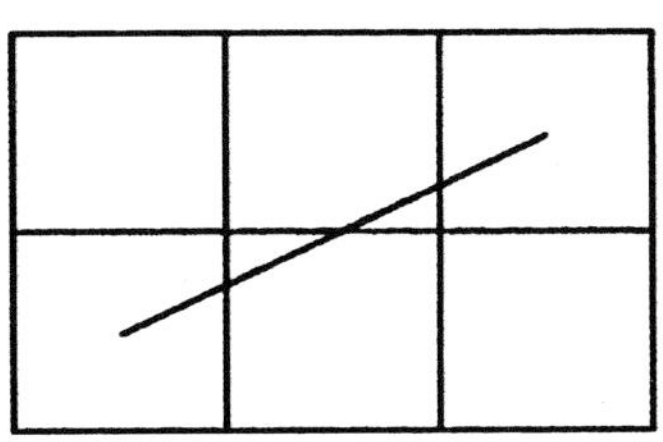

Beispiel 3

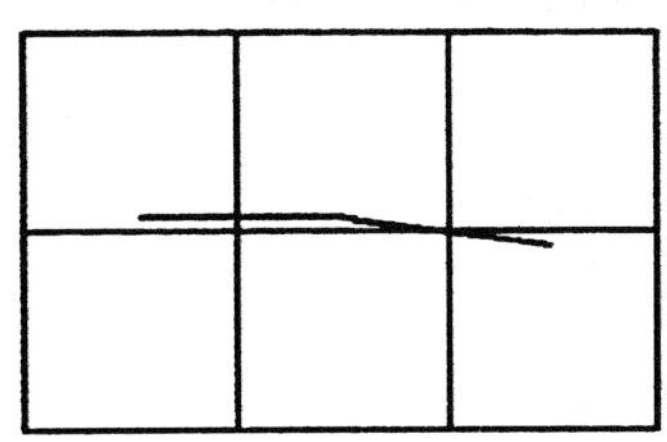

Individuelle Übungsprogramme

Nachdem Sie im vorigen Kapitel den Persönlichkeitstest ausgewertet haben, um Ihren Grundtypus herauszufinden, können Sie nun mit Ihrem individuellen Übungsprogramm beginnen. Jedes Programm enthält jeweils

- vier bewegungsorientierte Übungen
- eine Selbstmassage
- eine Meditation,

also insgesamt sechs Übungen.

Da wir bei der Übungsauswahl vor allem um Wirksamkeit und leichte Durchführbarkeit bemüht waren, haben wir nötigenfalls schwierige klassische Übungen etwas vereinfacht, ohne dadurch ihre Effektivität zu gefährden. Auf diese Weise ist eine Reihe von Übungen entstanden, die von jedem gefahrlos ausgeführt werden kann. Menschen, die durch schwere Erkrankungen oder Operationen vorbelastet sind, sollten die körperlichen Übungen bitte dennoch vorsichtig ausführen.

Den Übungsprogrammen ist jeweils die Beschreibung des entsprechenden Persönlichkeitstyps, seiner Probleme, seiner Stärken und seiner Möglichkeiten vorangestellt. Sie sollten diesen Teil nicht überspringen, da hier wichtige allgemeine Hinweise für die grundlegende Arbeit an den betreffenden Problemen gegeben werden.

Für die Durchführung Ihres Programmes benötigen Sie nur sehr wenig Zeit. In unserer modernen Welt, in der wir bekanntlich ständig an Zeitmangel zu leiden scheinen, haben die meisten von uns kaum die Zeit oder zumindest nicht die Geduld, den Tag mit zeitraubenden Übungssystemen zu verbringen. Es wird allgemein gefordert, daß alles schnell gehen muß, und daß mit einem Minimum an Zeit- und Kraftaufwand ein Maximum an Ergebnissen herauskommen soll. Obwohl es im Bereich seelischer Probleme unrealistisch wäre, Veränderungen innerhalb von wenigen Tagen zu erwarten, haben wir dennoch erfahren, daß durch kurze, intensive Übungsfolgen oft erstaunliche Ergebnisse zu verzeichnen sind.

Die Bedeutung liegt viel eher auf der Regelmäßigkeit als auf der Dauer einer Übung.

Außerdem ist natürlich die Auswahl besonders wichtig: Durch jene Übungen, die einem persönlich am meisten liegen, ist auch der höchste Nutzen zu erwarten, so daß dann bereits 15 Minuten täglicher Übung ausreichen, um befriedigende Ergebnisse bezüglich der Harmonisierung negativer Gemütszustände und körperlicher Blockaden zu erhalten.

Sollten Sie einmal sehr wenig Zeit haben, versuchen Sie dennoch, wenigstens 10 Minuten zu üben. Diese Zeit reicht aus, Ihr Übungsprogramm in aller Kürze auszuführen, um so trotzdem noch ein Gegengewicht zu den Belastungen des Alltages zu schaffen. Vermutlich werden Sie mit der Zeit Lust bekommen, die Übungsdauer zu verlängern. Wiederholen Sie in diesem Falle einfach die Übungen oder bleiben Sie länger in den Anfangs- und Endstellungen beziehungsweise verlangsamen Sie die Bewegungen.

Abgesehen von den körperlichen Übungen wurde in jedes Programm noch eine Massageübung aufgenommen. Diese Selbstmassage gründet auf den Erkenntnissen der chinesischen Medizin. Nach östlicher Auffassung ist unser gesamter Körper von feinstofflichen Energiebahnen, den Meridianen, durchzogen. Der Energiefluß in den Meridianen ist für unsere Gesundheit von großer Bedeutung. Ist die Energie in den Meridianen blockiert, so kann das Chi – die Lebensenergie – nicht mehr ungehindert im Körper strömen, wodurch es schließlich zu Erkrankungen kommt.

Sowohl die Akupunktur als auch die chinesischen und japanischen Übungssysteme gründen auf der Lehre von den Meridianen, die auch in der westlichen Medizin zunehmend akzeptiert wird. Da die Meridiane die Organe mit Energie versorgen und darüber hinaus psychische Vorgänge beeinflussen, sind sie auch für die Harmonisierung der jeweiligen Persönlichkeitstypen von Bedeutung.

Durch ein Ungleichgewicht der körperlichen, seelischen und geistigen Energien kommt es bei den einzelnen Typen zu spezifischen Fehlhaltungen, die sich auf entsprechende Organe auswirken. So ist beispielsweise der nervöse Mensch zumeist sehr anfällig für Erkrankungen des Magens. Wird nun das betroffene Organ positiv beeinflußt, kommt es wiederum zu einer Wechselwirkung, so daß dadurch der psychische Zustand harmonisiert wird. Wenn wir nun auch den einzelnen Persönlichkeitstypen die entsprechenden Meridiane zuordnen, so ist darüber hinaus zu bedenken, daß die Stimulierung der Energie in einem speziellen Meridian sich auch auf alle anderen positiv auswirkt.

Auf den Meridianlinien liegen Energiezonen, die auch als Tsubos oder Akupunkte bezeichnet werden. Indem diese Zentren durch den Druck der Finger stimuliert werden, kommt es allmählich zu einer Befreiung von Energieblockaden in den Meridianen. Hierbei wird der Druck im allgemeinen mit der Kuppe des Daumens ausgeführt, jedoch können einige Punkte auch mit kleinen kreisförmigen Bewegungen massiert werden.

In einigen Übungen werden bestimmte Laute eingesetzt, die Sie mit der Bewegung klingen lassen sollen. Diese »Energietöne« hängen mit den oben erwähnten Meridianen zusammen, in denen sie den Energiefluß erleichtern. Zusätzlich massieren Sie durch Ihre Vibrationen unterschiedliche Organe und Körperregionen. In den Übungen, in denen solche Laute auftauchen, stellen sie den wichtigsten Bestandteil der Übung dar und sollten auf keinen Fall ausgelassen oder unterdrückt werden.

Jedes der folgenden sieben Übungsprogramme wird durch eine kleine Meditationsübung abgeschlossen. Diese Meditationen sind darauf ausgerichtet, ausgleichend auf Ihre besonderen persönlichen Probleme zu wirken. Es handelt sich bei diesen Meditationen um einfache Konzentrationsübungen, die durch Hinlenkung Ihrer Aufmerksamkeit auf positive Seelenkräfte dazu beitragen, schädliche Denkgewohnheiten und daraus resultierende Ängste, Sorgen, Unsicherheiten, Aggressionen und andere psychische Fehlhaltungen aufzulösen.

Jede der Meditationen besteht aus drei Stufen: In der ersten Stufe geht es darum, die Emotionen mit Hilfe einer Imaginationsübung auf die eigentliche Meditation vorzubereiten; in der zweiten Stufe wird dann die Konzentration auf jene Kraft gelenkt, die für den Ausgleich des entsprechenden Persönlichkeitstyps von besonderer Bedeutung ist; die dritte Stufe arbeitet dann mit Vorstellungen von Energien und Farben, durch die es zu einer Stärkung und Harmonisierung der körperlichen, seelischen und geistigen Energien der jeweiligen Typen kommt.

Was die Meditationshaltung betrifft, so wäre es sinnvoll, zuerst das Kapitel »Entspannung und Meditation« (siehe Seite 154) zu lesen, wo ausführlich auf die geeignetsten Meditationsstellungen hingewiesen wird.

Da die Übungszusammenstellungen sehr spezifisch wirksam sind, empfehlen wir im allgemeinen, sich wirklich auf die Übungen aus Ihrem individuellen Übungsprogramm zu beschränken. Allerdings kann es natürlich vorkommen, daß Sie, obwohl Sie von Ihrer Tendenz her beispielsweise zum Typ B, dem ängstlichen Menschen gehören, trotzdem manchmal in besonderen Situationen Übungen gegen Nervosität oder Trägheit benötigen werden. In diesem Fall können Sie selbstverständlich das passende Übungsprogramm wählen, um sich so wieder in einen harmonischen Zustand zu bringen. Grundsätzlich können Sie jedes der sieben Programme gefahrlos ausüben, wenn Sie es Ihrer Verfassung gemäß anwenden. Jeder Mensch kennt Zeiten der Nervosität, der Aggression, der Unsicherheit und so fort. Wann immer Sie einen dieser negativen Zustände bewußt wahrnehmen, können Sie das entsprechende Ausgleichsprogramm anwenden. Normalerweise sollten Sie sich jedoch immer an Ihre persönliche Übungsfolge halten.

Was die Praxis betrifft: Suchen Sie sich für Ihr Übungsprogramm einen Ort und eine Zeit aus, die es Ihnen ermöglichen, ungestört zu üben. Achten Sie darauf, daß Sie auf einer Decke oder einem weichen Teppich üben und darauf, daß der Raum nicht zu kalt ist. Legen Sie bequeme Kleidung an, und lüften Sie nötigenfalls noch einmal durch. Die beste Wirkung erzielen Sie, wenn Sie konzentriert und ohne Eile üben. Selbst wenn Sie nur 10 Minuten Zeit haben, seien Sie während dieser 10 Minuten ganz konzentriert bei den Übungen. Im Zweifelsfall ist es besser, nur eine Übung in Ruhe auszuführen als vier oder fünf in Hektik!

Die Wahl der Übungszeit liegt ganz bei Ihren Möglichkeiten. Natürlich wäre der frühe Morgen oder der späte Abend besonders günstig, da in dieser Zeit die Loslösung vom alltäglichen Getriebe erfahrungsgemäß am leichtesten fällt; aber eigentlich ist es gleichgültig, wann Sie Ihr Übungsprogramm in den Tag einbauen. Wichtig ist nur, daß Sie jeden Tag üben.

Jede Übung sollte leicht und locker ausgeführt werden. Sobald Sie anfangen zu schwitzen oder die Zähne aufeinander zu beißen, wissen Sie, daß Sie etwas falsch machen. Denken Sie bitte daran, daß es keinesfalls um Leistungssport geht, sondern um eine sanfte Methode der Harmonisierung von Körper, Seele und Geist.

Zwar kann es sein, daß Sie anfangs die eine oder andere Übung noch nicht so entspannt üben können, was aber nur daran liegt, daß Sie eben noch in der Lernphase sind, wo Sie sich noch zu sehr auf die äußeren Bewegungen und die Technik der Übung konzentrieren müssen. Nach wenigen Tagen werden Sie jedoch damit keine Probleme mehr haben.

Der ausgeglichene Mensch

Der ausgeglichene Mensch ist in einem Zustand, den wir in gewisser Weise als einen Idealzustand ansehen. Er verfügt über alle Möglichkeiten; seine körperlichen, geistigen und seelischen Kräfte arbeiten in Harmonie zusammen und verstärken sich gegenseitig. Er ist meist ruhig und besonnen, verbraucht seine Kräfte nicht unnötig, kann aber, wo es nötig ist, sehr viel Energie einsetzen. Den Anforderungen des täglichen Lebens ist er gewachsen und hat in den Bereichen, die ihm wichtig sind, Erfolg. Seine Mitmenschen empfinden ihn meist als aufgeschlossenen und sympathischen Menschen.

Er hat wenig Probleme; zumindest keine »hausgemachten«. Wenn durch äußere Umstände dennoch einmal welche auftauchen, was in unserem hektischen Leben beinahe unvermeidlich ist, findet er schnell und sicher Lösungen, da er im Grunde nicht zu negativen Gefühlsreaktionen neigt.

Ein Problem bringt ein harmonischer und ausgeglichener Zustand dennoch manchmal mit sich. Der ausgeglichene Mensch erkennt manchmal nicht, daß andere nicht so weit sind wie er. Mitunter besteht auch die Gefahr, nicht zu erkennen, daß man niemals vollkommen ist und daß das Streben nach Bewußtheit und Harmonie kein Ziel, sondern ein Weg ist.

Wir haben für den Ausgeglichenen keine eigenen Übungen dargestellt, da sich seine Energien bereits in einem harmonischen Zustand befinden. Das heißt jedoch nicht, daß es verfehlt wäre zu üben. In den meisten Fällen ist die innere Harmonie erst durch Übung entstanden. Solchen Menschen können wir nur empfehlen, sich die Übungen herauszusuchen, die sie am meisten ansprechen oder die in problematischen Situationen hilfreich und am ehesten angemessen sind.

Der Ausgeglichene

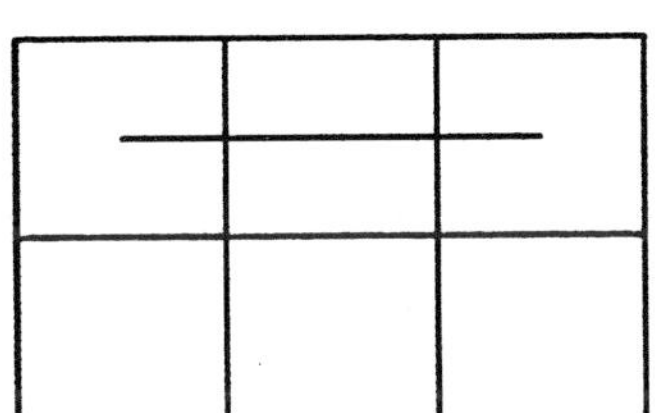

Der ängstliche Mensch

Angst ist ein Gefühl, das wohl jeder von uns kennt. Es gibt viele Formen der Angst: Angst vor Krankheit, Angst, sich zu blamieren, Angst vor Dunkelheit, Angst vor Spinnen und viele mehr. Allen diesen Ängsten ist jedoch eines gemeinsam: Sie stellen eine Kraft dar, die äußerst unangenehme Gefühle verursacht, die uns in unserem täglichen Leben behindert und die einer positiven Entwicklung entgegensteht. Um sich positiv zu entwickeln, ist es also unerläßlich, sich von Ängsten weitgehend zu befreien.

Natürlich haben Ängste auch ihre Berechtigung; sie bringen uns dazu, uns vor bestimmten Situationen in acht zu nehmen. Hätten wir beispielsweise keinerlei Angst vor Verletzungen, würden wir sie nicht vermeiden und wohl nicht sehr lange leben. Also kann es nicht darum gehen, jegliche Angst vor allem zu verlieren, sondern nur die Ängste, die uns wirklich behindern.

Der ängstliche Mensch fühlt sich meist körperlich den Gefahren, die das Leben mit sich bringt, nicht ausreichend gewachsen. Er hat viel emotionale Energien, das heißt, sein Gefühlsleben spielt sich oft zwischen extremen Werten ab. Auch im geistigen Bereich ist der Ängstliche eher aktiv; allerdings tendiert er dazu, seine geistigen Energien auf die falschen Ziele zu lenken: Bestimmte Dinge, auf die er mit Angst reagiert, wiederholt er bis in alle Einzelheiten in seinem Geist. Dabei ist die Aufmerksamkeit stets auf die angstauslösenden Faktoren gerichtet; auf diese Weise verstärkt sich die Angst selbst weiter – ein Teufelskreis entsteht.

Daraus entsteht das Hauptproblem des Ängstlichen: Sein Handlungsspielraum wird immer kleiner. Da der ängstliche Mensch dazu neigt, seine Ängste zu rationalisieren, das heißt, verstandesmäßig zu begründen, sieht er oft nicht, daß seine Ängste nicht sinnvoll sind. Er hat daher auch wenig Motivation, seinen Problemen aktiv entgegenzuwirken.

Andererseits ist der Hang des ängstlichen Menschen, viel nachzudenken, seine Stärke. Manchmal bedarf es nur eines geringen Anstoßes von Freunden oder Bekannten – oder von einem Buch! –, um die Gedanken auf konstruktive Lösungen zu lenken. Es kann sich mitunter sogar zeigen, daß die genaue Kenntnis aller Aspekte der Angst es schließlich einfacher macht, die Ängste wirklich an ihren Wurzeln zu packen.

Möglicherweise haben Sie nicht das Gefühl, ängstlich zu sein, Sie sind nur vorsichtig – und was kann daran schon falsch sein? Vielleicht sind Sie auch besonders wagemutig und meinen, daß Sie mit dem Problem Angst gar nichts zu tun haben.

Hier muß noch einmal gesagt werden, daß wir hier von grundlegenden und möglicherweise im Unterbewußtsein verborgenen Tendenzen sprechen. Nicht selten liegt gerade übertriebenem Mut eine verdrängte Angst zugrunde. Wir sollten nicht vergessen, daß jeder Mensch, ohne Ausnahme, Angst kennt. Wichtig ist nur, ob sie einem Zweck dient, oder ob sie das Leben unverhältnismäßig behindert.

Und hier sollte angesetzt werden. Achten Sie darauf: Vor was schützt Sie Ihre Angst? Wie wahrscheinlich ist es, daß die Situation, vor der Sie Angst haben, eintritt? In welchen Situationen behindert die Angst Ihr Leben? Aber auch: Vor was haben Sie keine Angst? Und warum nicht?

Wenn Sie sich all diese Fragen stellen, werden Sie vermutlich einige Beobachtungen an sich machen können und feststellen, inwiefern Ängste in Ihrem Leben eine Rolle spielen.

Neben den Übungen, die wir für den ängstlichen Menschen anbieten, um seine vitale Energie zu steigern und sie mit seinen Gefühlen und Gedanken in Einklang zu bringen, können wir noch den allgemeinen Ratschlag geben, Ihre körperlichen Energien – zum Beispiel im Sport – mehr einzusetzen. Da nämlich von den drei Wesensenergien Vitalität, Emotionalität und Intellektualität die vitalen Kräfte am wenigsten entwickelt sind, ist viel körperliche Bewegung ein guter Anfang, um zu einer ganzheitlichen Harmonie zu finden.

Der Ängstliche

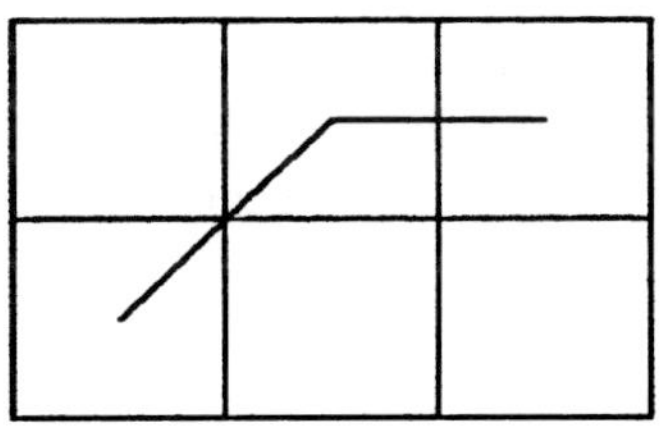

Die Knie-Kopf-Stellung

Diese Übung erhöht nicht nur die körperlichen Energien, sondern Sie wärmt auch den Körper, was besonders in der kalten Jahreszeit wichtig sein kann. Außerdem stärkt sie die Bauchmuskeln und sie verhilft dazu, sich der vitalen Kräfte im Bauch-Becken-Raum bewußter zu werden, wodurch das Körperbewußtsein gehoben und das Selbstvertrauen gesteigert wird.

1 *Legen Sie sich flach auf den Rücken und verschränken Sie Ihre Arme hinter dem Kopf. Atmen Sie zunächst einige Male tief und gleichmäßig durch. Mit der nächsten Ausatmung heben Sie dann das rechte Bein und führen das Knie in Richtung Brust; lassen Sie dabei das linke Bein aber gestreckt auf dem Boden liegen.*

1

2 *Wenn Sie das Knie so weit wie möglich an den Körper herangezogen haben, ziehen Sie mit der Kraft Ihrer Arme den Kopf möglichst nah zum Knie.*

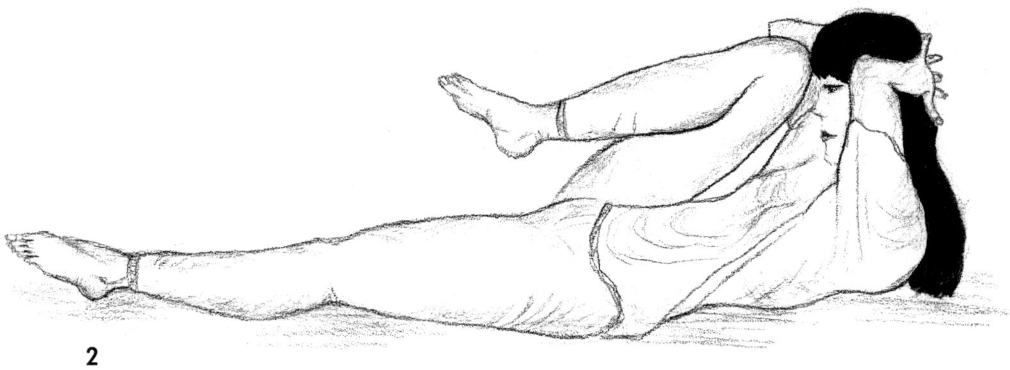

2

3

3 *Spannen Sie nun Ihre Bauchmuskeln an, um diese Stellung einige Sekunden zu halten, wobei Sie in dieser Haltung weiteratmen und die Gesichtsmuskeln möglichst nicht anspannen sollten. Gehen Sie dann nach etwa drei Atemzügen wieder aus der Haltung heraus, indem Sie zunächst den Kopf und dann das Bein langsam sinken lassen.*

Gönnen Sie sich im Anschluß eine kleine Entspannungspause, in der Sie kurz der Wirkung dieser Übung nachspüren sollten, bevor Sie sie auch mit der anderen Körperseite ausführen. Wiederholen Sie die Übung pro Seite mindestens dreimal und steigern Sie im Laufe der Zeit bis zu sechsmal.

Achten Sie bitte darauf, die Bewegung der Arme und Beine möglichst langsam auszuführen, und helfen Sie Ihrem Körper bei der Übung, indem Sie sich vorstellen, ganz leicht zu sein.

Die Kobra-Stellung

Diese Übung erhöht die vitalen Energien, sie regt das Nervensystem an und stärkt die Nieren. Durch Aktivierung des Herzzentrums verhilft sie im psychischen Bereich zu mehr Vertrauen.

1 *Legen Sie sich flach auf den Bauch, schließen Sie die Beine und strecken Sie die Zehen ein wenig nach hinten. Der Kopf liegt auf der Stirn, die Hände sind unter den Schultern und liegen mit der ganzen Fläche auf dem Boden auf. Atmen Sie in dieser Ausgangsstellung ruhig und entspannt, und spüren Sie die Atembewegung im Bauch.*

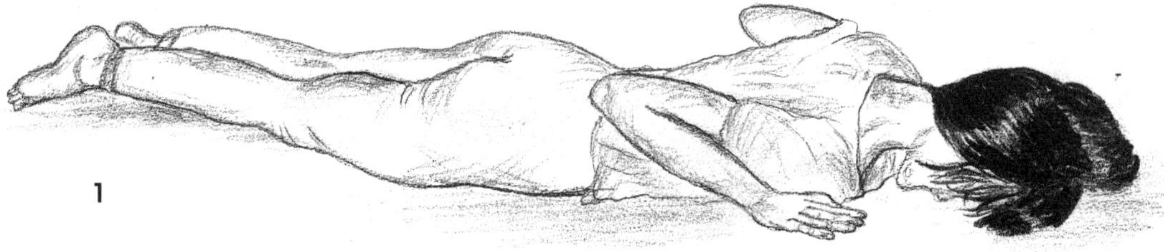

1

2 *Heben Sie dann mit der nächsten Einatmung Ihren Kopf und anschließend die Brust vom Boden weg nach oben, wobei darauf geachtet werden sollte, diese Bewegung zunächst nur mit Hilfe der Rückenmuskulatur auszuführen und nicht mit den Armen nachzuhelfen.*

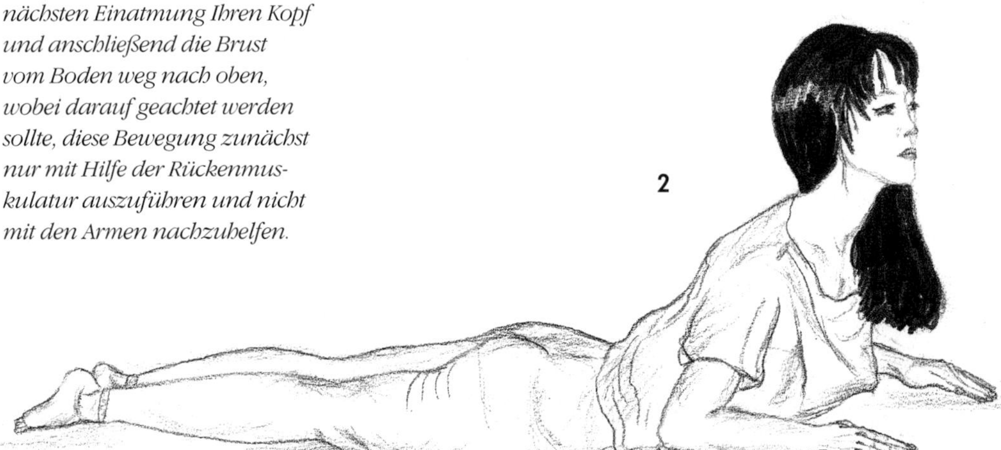

2

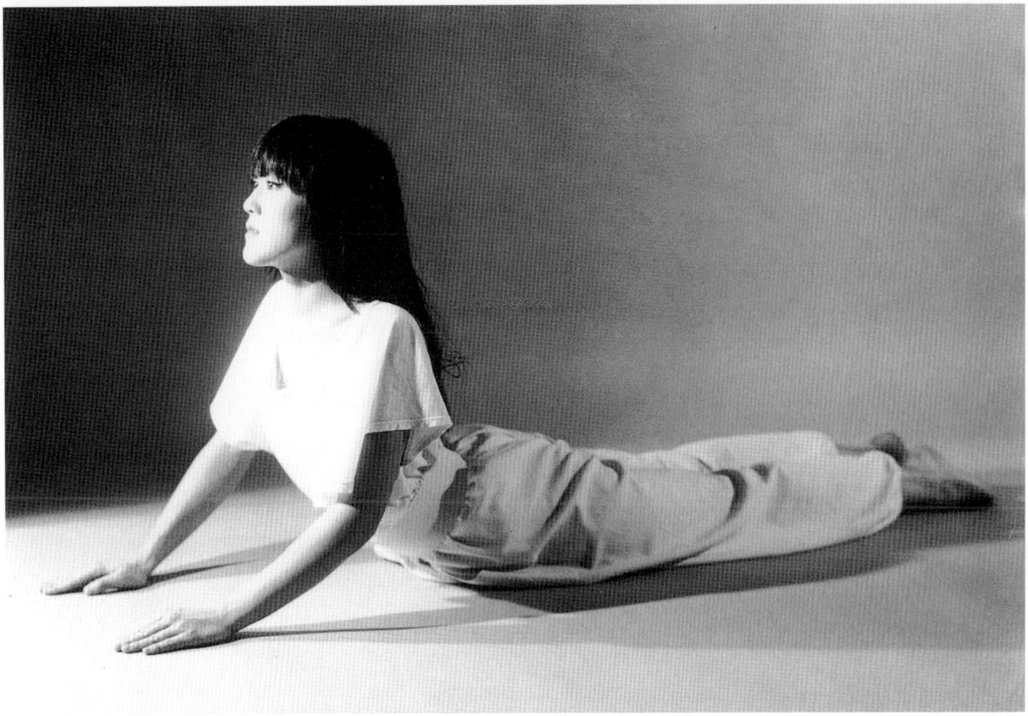

3

3 *Erst wenn Sie den Oberkörper so weit wie möglich aus eigener Kraft gehoben haben, können Sie nun noch ein wenig mit den Handflächen in den Boden drücken, um Ihren Oberkörper so noch weiter nach oben zu heben. Übertreiben Sie aber nicht und stemmen Sie sich nicht zu weit ins Hohlkreuz, da Sie sonst die Lendenwirbelsäule übermäßig belasten würden. Als Anhaltspunkt empfehlen wir, nur so weit zu gehen, daß der Unterbauch noch Kontakt zur Unterlage hat. Achten Sie bitte ferner darauf, den Kopf nicht zu weit in den Nacken zu legen und den Blick eher nach vorne als nach oben zu richten. Bleiben Sie nicht länger als drei Atemzüge lang in dieser Stellung und lassen Sie den Oberkörper dann langsam wieder in Richtung Boden sinken. Entspannen Sie sich einige Atemzüge lang, bevor Sie die Übung nochmals wiederholen.*

Anfangs genügen zwei Wiederholungen, und auch im fortgeschrittenen Stadium sollte man drei Wiederholungen nicht überschreiten. Sie können die Übung dann eher dadurch intensivieren, daß Sie länger in der Endstellung verweilen.

Den Himmel und die Erde spüren

Die Übung wirkt auf körperlicher Ebene stabilisierend auf die Wirbelsäule, auch im übertragenen Sinne auf das Rückgrat, das dem Ängstlichen fehlt. Geistig bringt die Übung eine größere Wachheit und Aktivität.

1 *Stehen Sie ganz ruhig, die Füße fest auf dem Boden und die Beine geschlossen. Die Hände befinden sich in Höhe des Bauchnabels.*

2 *Heben Sie die Hände bis in Brusthöhe, wobei die Fingerspitzen zueinander und die Handflächen nach unten weisen.*

3 *Heben Sie die linke Hand nun ganz langsam bis über den Kopf. Dabei drehen Sie die Handfläche nach oben. Gleichzeitig führen Sie die rechte Hand nach unten. Drücken Sie jetzt mit der linken nach oben und mit der rechten nach unten.*

Während der Bewegung atmen Sie ein und halten Sie die Spannung einige Sekunden. Mit der folgenden Ausatmung lassen Sie die Spannung los. Senken Sie die linke Hand, bis sich der Handrücken kurz über dem Kopf befindet, und heben Sie die rechte bis in Höhe des Bauchnabels.
Wechseln Sie die Positionen der Hände; die rechte Hand befindet sich jetzt etwas über dem Kopf, während die linke Hand sich in der Höhe des Nabels befindet.
Pressen Sie nun wieder mit den Händen nach oben und unten, senken die Arme wieder etwas und kehren zur Ausgangsstellung zurück.

Die gesamte Übung sollten Sie mindestens dreimal wiederholen. Achten Sie besonders darauf, daß die Atmung immer fließend bleibt und sich die Handflächen im Einklang mit der gesamten Bewegung drehen.

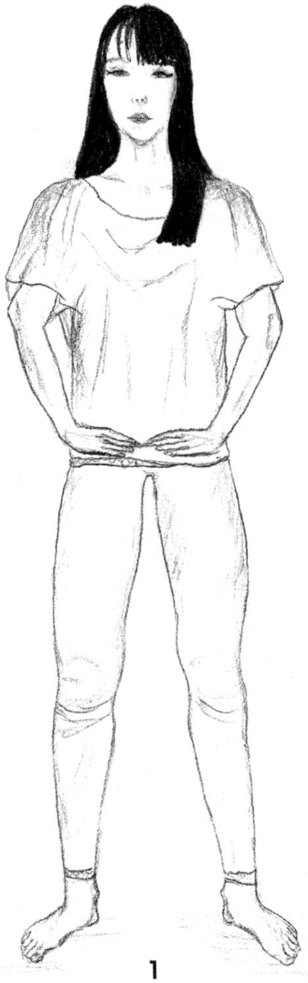

1

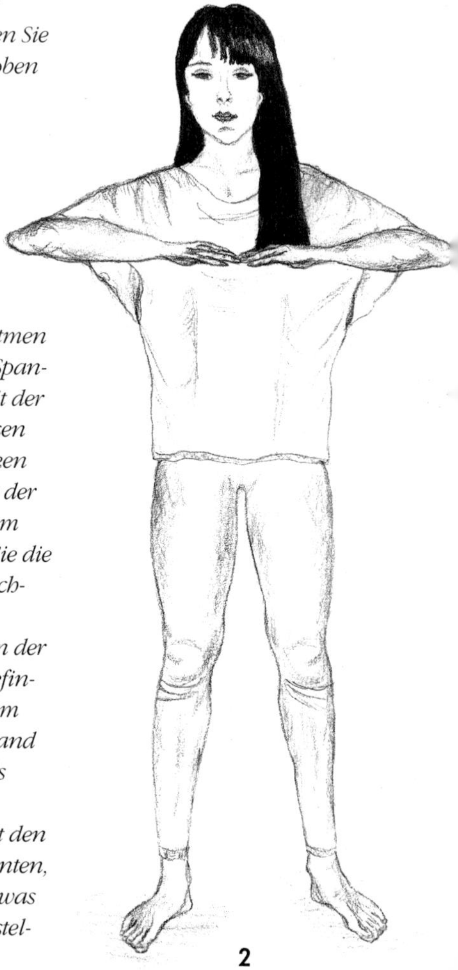

2

3

Die Herz-Atmung

Diese chinesische Übung aktiviert den Herzmeridian und beseitigt Blockaden. Herz- und Kreislaufprobleme werden dadurch gemildert; aber auch Angst, die ja den Herzschlag beschleunigt, wird erfolgreich bekämpft. Die Übung wirkt sehr schnell und intensiv bei Angst; langfristig hilft diese Übung dabei, die Grundlagen der Angst aufzulösen.

Die Atmung spielt bei dieser Übung eine besonders wichtige Rolle; es wird auch die Stimme eingesetzt. Der Laut, den Sie bei der Übung benutzen sollen, ist »KOH«; das »O« ist dabei offen, ein Laut, der etwa zwischen »a« und »o« liegt.

1 *Atmen Sie ein und heben Sie die gestreckten Arme vor dem Körper bis in Schulterhöhe, die Handflächen weisen nach unten. Die Hände hängen locker an den Handgelenken.*

2 *Winkeln Sie nun die Arme an und wenden Sie die Handflächen nach oben.*

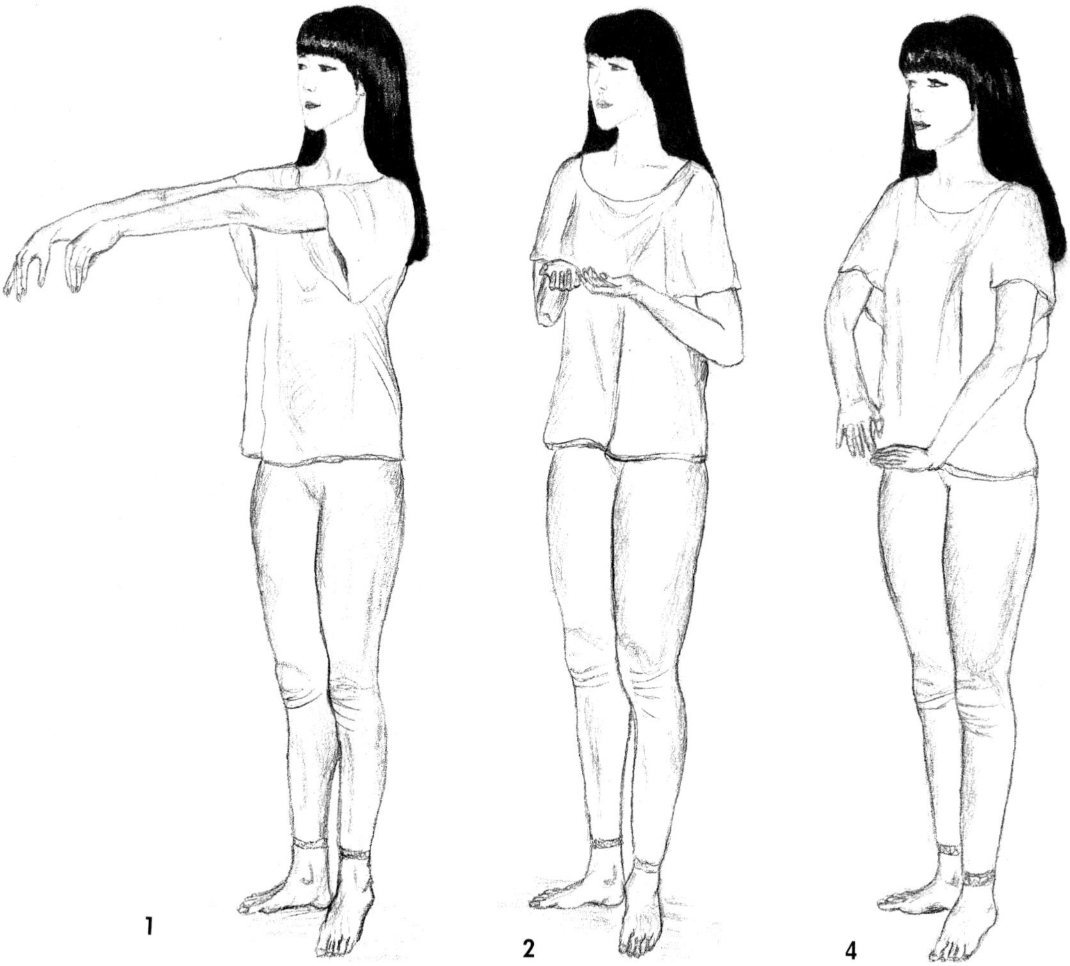

1 2 4

3 *Wenn die Hände kurz vor der Brust angekommen sind, wenden Sie die Handflächen wieder nach unten. Die Fingerspitzen weisen nun zueinander und berühren sich beinahe.*

4 *Mit dem langsamen Ausatmen senken Sie die Hände bis unterhalb des Bauchnabels. Die Ellbogen weisen dabei nach außen. Während die Luft ausströmt, lassen Sie den Laut »KOH« erklingen.*

Wenn die Ausatmung, und damit der Ton, beendet ist, lassen Sie die Arme nun weiter entspannt bis auf die Oberschenkel sinken. Wiederholen Sie die Übung sechsmal.

Achten Sie darauf, daß die Bewegung ganz fließend bleibt; Einatmung und Ausatmung sollten ohne Pause ineinander übergehen. Besonders wichtig ist auch, daß der Ton »KOH« laut und ungehemmt ausströmt.

3

Meditation für den Ängstlichen

Vorbereitung: Nehmen Sie eine bequeme, sitzende Position ein, und lassen Sie alle unnötigen Anspannungen los. Achten Sie unbedingt darauf, die Wirbelsäule dabei gerade zu halten. Schließen Sie Ihre Augen, und entspannen Sie alle Muskeln. Atmen Sie jetzt noch einige Male tief durch und lassen Sie Ihren Atem dann zur Ruhe kommen. Beobachten Sie die Atmung, ohne sie zu beeinflussen.

Stufe I
Stellen Sie sich in allen Einzelheiten einen Strand vor. Lassen Sie ein Bild von Dünen und Sand in sich aufsteigen und stellen Sie sich vor, Sie sitzen im Sand. Der Sand ist warm und weich und Sie können sich ihm anvertrauen, denn er trägt Sie. Obwohl Sie ganz allein an diesem Strand sind, empfinden Sie doch allmählich ein Gefühl der Geborgenheit. Stellen Sie sich auch das Gefühl der Wärme auf Ihrer Haut und den Geruch des Meeres möglichst deutlich vor. Lassen Sie in Ihrer Phantasie einen leichten Windhauch durch ihre Haare streichen und spüren Sie die Berührung Ihrer Haut mit dem Sandboden …

Stufe II
Lassen Sie dieses innere Bild dann allmählich wieder los und konzentrieren Sie sich auf Ihren Atem. Laden Sie sich mit der Kraft des Vertrauens auf, indem Sie mit jeder Einatmung denken: »ICH BIN« und mit jeder Ausatmung »VERTRAUEN«. Pendeln Sie immer wieder gedanklich diese Worte in Kombination mit der Ein- und Ausatmung, so lange, bis sich ein Gefühl von Vertrauen einstellt. Wenn während dieser Zeit andere Gedanken auftauchen, gehen Sie immer wieder geduldig auf die drei Worte zurück. Wenn sich das Gefühl des Vertrauens zu entwickeln beginnt, lassen Sie es in Ihren Körper, in Ihren Gefühlsbereich und in Ihre Gedanken hineinstrahlen und sich ausbreiten …

Stufe III
Stellen Sie sich nun Ihre körperliche Energie als eine kleine Kugel vor. Diese Energiekugel oder dieser Energieball befindet sich im Unterbauch, etwa in Höhe des Nabels. Konzentrieren Sie sich nun vollständig auf die Energiekugel in Ihrem Bauch. Stellen Sie sich diese Kugel möglichst als dunkelrotes Licht vor, das zunächst sehr klein ist und das nach und nach wächst. Nehmen Sie dabei Vorstellungskraft und Atmung zu Hilfe. Sie können sich vorstellen, bei jeder Einatmung Energie aus der Erde in sich aufzusaugen und diese Energie mit jeder Ausatmung im Bauchraum zu verteilen. Lassen Sie die rote Energiekugel immer größer werden, bis sie den gesamten Bauch- und Beckenraum ausfüllt. Achten Sie bitte stets darauf, daß Sie nicht mit der Willenskraft arbeiten, sondern lediglich mit der Vorstellung!

Haben Sie etwas Geduld, wenn Ihnen diese Vorstellungen nicht sogleich gelingen, es ist nur eine Frage der Zeit, bis die Übung gelingt.

Shiatsu für den Ängstlichen

Für den ängstlichen Persönlichkeitstyp empfehlen wir insbesondere die Stimulierung des Dickdarm-Meridianes. Der Dickdarm-Meridian verläuft von der Zeigefingerkuppe an der Innenseite der Arme entlang über die Schulter bis hin zur Oberlippe. Bei Störungen und Blockaden im Dickdarm-Meridian kann es zu Durchfall, Verstopfung, Fieber, zu Kältegefühlen und Zittern sowie zu Zahn- und Zahnfleischerkrankungen kommen. Außerdem hängt der Dickdarm-Meridian noch mit Symptomen wie Heiserkeit, Ausschlägen, Nasenverstopfung und Schulterschmerzen zusammen. Angstgefühle führen oft zu Blockaden des Dickdarm-Meridianes, während eine gelassene Grundstimmung den Energiefluß in diesem Meridian gewährleistet.

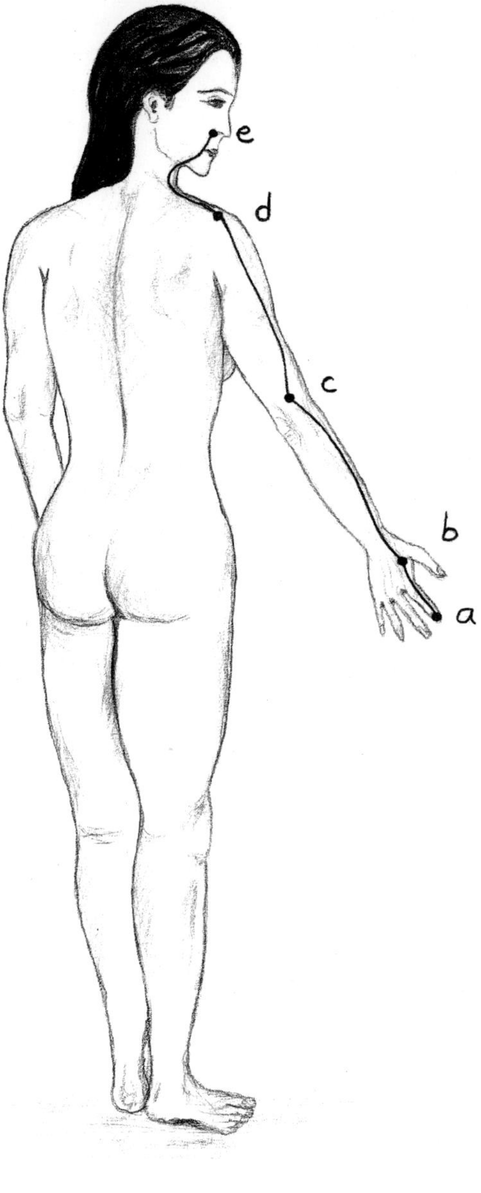

Der Dickdarm-Meridian

Für die Praxis sind fünf Punkte auf dem Dickdarm-Meridian von besonderer Bedeutung:

a *an der Außenseite der Zeigefingerkuppe, seitwärts der Nagelbasis;*

b *in der Mitte zwischen den Knochen von Daumen und Zeigefinger; der Punkt, an dem die Hautfalte, die beim Herandrücken des Daumens an die Hand entsteht, aufhört;*

c *an der Armoberseite, oberhalb des Ellbogens. Sie finden den Punkt am Ende der Falte, die erscheint, wenn Sie den Unterarm an den Oberarm herandrücken;*

d *an der äußeren Schulterblattseite; in der Vertiefung, die erscheint, wenn man den Arm in einem Winkel von 90 Grad zur Seite hebt;*

e *an der Seite der Nase, direkt unterhalb der Nasenflügel;*

Drücken Sie jeden dieser Punkte mit dem Daumen etwa dreimal. Beginnen Sie die Druckausübung mit dem Ausatmen, und steigern Sie den Druck langsam aber stetig. Halten Sie etwa zehn Sekunden und lassen Sie dann wieder langsam los. Vergessen Sie auch die andere Körperseite nicht. Der Druck darf ruhig etwas schmerzhaft sein, oft ist dies ein Zeichen, den richtigen Punkt gefunden zu haben. Wenn die Energie im Dickdarm-Meridian wieder zu fließen beginnt, macht sich dies oft in einer Lösung psychischer Spannungen bemerkbar. Es genügt, die Meridian-Massage einmal täglich auszuführen. Allerdings kann eine häufigere Massage besonders in Zeiten erhöhter Belastungen sinnvoll sein.

Der nervöse Mensch

Der Zustand Nervosität zeichnet sich durch eine erhöhte körperliche und psychische Erregbarkeit aus. Diese Überaktivität wirkt sich in den meisten Fällen negativ aus. Der nervöse Mensch regt sich leicht auf – manchmal ist er »ganz aus dem Häuschen«. Er neigt dazu, in allen Dingen hektisch zu sein und setzt viel mehr Energie ein, als eigentlich notwendig wäre. Immer hat er das Gefühl, etwas zu verpassen oder zu kurz zu kommen. Wegen des ständig erregten Zustandes ist der Nervöse leicht ermüdbar, denn er setzt viel zuviel Kraft ein. Die übermäßige Energie wird auch auf die Sinnesorgane gelenkt; das bewirkt, daß der nervöse Mensch sehr empfindlich gegenüber allen Sinnesreizen und auch gegenüber Wetteränderungen ist und mit körperlichen oder seelischen Symptomen reagiert.

Man könnte nun annehmen, daß alle drei Wesenskräfte beim Nervösen zu stark entwikkelt wären. Eine direkte »Überentwicklung« eines Bereiches gibt es jedoch eigentlich nicht; es gibt nur eine Überentwicklung im Verhältnis zu den anderen Wesenskräften. Auch beim nervösen Menschen trifft dies zu. Während die körperlichen Energien beim Nervösen gut entwickelt sind, sieht es mit seinen emotionalen und geistigen Energien schon weniger gut aus. Aber am wichtigsten ist, wie gesagt, auch hier das Verhältnis der drei Wesenskräfte zueinander. Die körperliche Energie wird nicht durch geistige Aktivität kontrolliert und findet auch keinen entsprechenden Ausdruck in den Gefühlen. Dadurch bricht sich die vorhandene Energie

im Unbewußten Bahn; ein inneres Gefühl des Getrieben-Seins ist die Folge.

In der Praxis heißt das, daß der nervöse Mensch oft unter Konzentrationsstörungen, Allergieanfälligkeit, Schlafstörungen, Verdauungsproblemen oder Herzklopfen leidet. Der Nervöse ist also auch besonders anfällig für psychosomatische Krankheiten, zum Beispiel das berüchtigte Magengeschwür, aber auch Asthma oder Hautprobleme. Immer wieder gerät er in Konflikte mit seinen Mitmenschen, da er nur zu oft ohne Grund reizbares Verhalten an den Tag legt.

Der Nervöse ist also ständig aktiv, aber seine Aktivität ist ohne wirkliches Ziel. Daher neigt er im Alter zu Depressionen; er ist viel zu beschäftigt, um in seinem Leben nach einem tieferen Sinn zu suchen. Früher oder später stellt sich aber jedem Menschen die Frage nach dem Sinn seines Lebens. Daher ist dieses Problem möglicherweise das wichtigste des nervösen Menschen: Er nimmt sich zu wenig Zeit für sich selbst. Der nervöse Mensch hat aber einen großen Vorteil: Er verfügt über ein überdurchschnittlich hohes Aktivitätspotential. Wenn er also einmal dazu motiviert ist, etwas zu tun, und dabei die richtige Anleitung erhält, kann er seine Kraft zu einem sinnvollen Ziel einsetzen.

Einer der wichtigsten und ersten Übungsschwerpunkte sollte auf konzentrativen Entspannungstechniken liegen. Entspannung ist aber nicht, wie oft angenommen wird, ein »Allheilmittel« für den Nervösen. Vielmehr ist sie eine Grundlage, auf der die Übungen, welche die Wurzel der Nervosität erreichen sollen, aufbauen können. Diese Übungen dienen dazu, die emotionalen und geistigen Energien anzuheben und so der bereits gut entwickelten körperlichen Energie anzupassen. Wenn dies gelingt, entsteht ganzheitliche Harmonie.

Wenn Sie unter Nervosität leiden, sollten Sie in Ihrem Alltag auf ein paar Dinge besonders achten: Versuchen Sie Ihren Gefühlen Ausdruck zu geben, aber lassen Sie sich dabei nicht zu sehr von oberflächlichen, körperlichen Impulsen leiten. Sie werden auch sehr davon profitieren können, wenn Sie sich immer wieder selbst kontrollieren: Was tue ich gerade und warum tue ich es? Die hier vorgestellten relativ leichten Übungen werden Ihnen, wenn Sie wirklich zum Typ des nervösen Menschen gehören, zunächst etwas schwerfallen; aber gerade die Übung im Alltagsleben bildet eine wichtige Grundlage für das Ziel einer ganzheitlichen Harmonie.

Der Nervöse

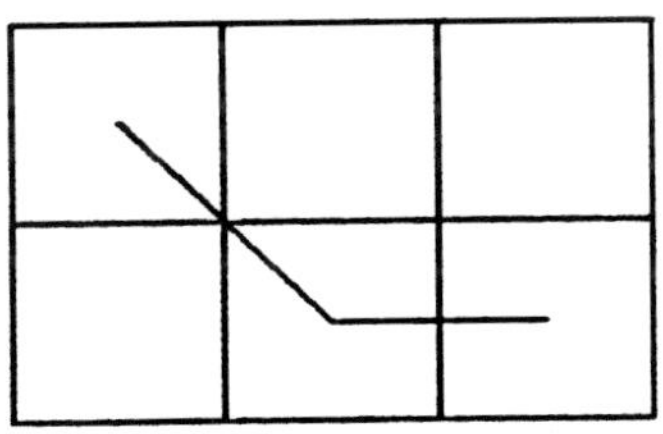

Die Schrägstellung

Die Übung regeneriert die inneren Organe, sie unterstützt die Durchblutung des Kopfes und beugt Erkältungskrankheiten vor. Außerdem kann Sie bei Kreislauf- und Stoffwechselerkrankungen harmonisierend einwirken. Auf psychischer Ebene verhilft sie zu innerer Ruhe und Ausgeglichenheit.

1 *Legen Sie sich entspannt auf den Rücken und atmen Sie einige Male tief durch. Schließen Sie dann Ihre Beine und legen Sie die Arme mit den Handflächen nach unten neben den Körper. Heben Sie nun die gestreckten Beine langsam nach oben, bis sie senkrecht in Richtung Decke zeigen.*

2 *Heben Sie dann auch noch Ihre Hüften vom Boden und unterstützen Sie diese Bewegung, indem Sie mit den Händen gegen den Boden drücken.*

Sobald Ihre Beine über Ihrem Kopf sind, stützen Sie Ihre Hüften mit den Händen ab und bewegen Sie die Füße hinter Ihren Kopf, in etwa einem Meter Abstand zum Boden.

In dieser Haltung zeigen die Beine etwas schräg nach hinten, also nicht wie in der bekannten »Kerze«, wo die Beine senkrecht nach oben gehalten werden. Bleiben Sie anfangs etwa 30 Sekunden in dieser Stellung und versuchen Sie, möglichst ruhig weiterzuatmen. Sie können das Kinn ein wenig zur Brust drücken. Die Beinhaltung ist dann korrekt, wenn Sie in dieser Stellung Ihre Füße noch sehen können.

1

2

Lösen Sie die Stellung, indem Sie sehr langsam Wirbel für Wirbel abrollen. Sobald das Gesäß am Boden liegt, können Sie die Arme wieder flach daneben legen und so die Abwärtsbewegung der Beine unterstützen. Bleiben Sie anschließend noch kurz entspannt am Boden liegen und spüren Sie der Übungswirkung nach.

Diese Übung sollte nur einmal ausgeführt werden, aber Sie können im Laufe der Zeit die Dauer der Endstellung auf bis zu drei Minuten steigern.

Das doppelte Dreieck

Diese Übung erhöht die emotionalen und mentalen Kräfte und hat darüber hinaus auch eine sehr günstige Wirkung auf die Rückenmuskulatur und auf die Verdauungsorgane. Die Bewegungen sollten Sie sehr langsam und meditativ ausführen, damit die optimalen Wirkungen erzielt werden.

1 *Stellen Sie sich aufrecht hin und schließen Sie die Füße. Stehen Sie möglichst entspannt und lassen Sie Schultern, Gesicht und Kiefer ganz locker. Achten Sie darauf, daß Ihre Wirbelsäule ganz aufrecht ist, und ziehen Sie das Kinn ein wenig zur Brust hin. Führen Sie dann beide Hände nach hinten und haken Sie die Daumen ineinander, wobei die Hände zu lockeren Fäusten geballt sind. Ziehen Sie nun die gestreckten Arme nach hinten vom Körper weg und spüren Sie, wie sich die Brust dabei dehnt.*

1

2

2 *Wenn die höchstmögliche Dehnung erreicht ist, beugen Sie den Oberkörper langsam nach vorn und ziehen Sie gleichzeitig die Arme nach oben. Lassen Sie den Kopf hierbei einfach hängen, aber achten Sie darauf, daß die Spannung im Rücken durch die gestreckten Arme erhalten bleibt. Atmen Sie in dieser Endstellung etwa dreimal sehr tief durch die Nase ein und durch den Mund aus.*

Richten Sie sich dann sehr langsam wieder auf, ohne aber die Spannung in den Armen zu lösen. Wenn Sie wieder aufrecht stehen, dehnen Sie noch einmal ein wenig die Arme nach hinten, und lassen Sie sie erst dann wieder an den Körper sinken, um die Daumen zu lösen.

Entspannen Sie sich kurz und führen Sie die Übung noch einmal aus, wobei Sie diesmal die Daumen anders herum ineinander kreuzen.

Obwohl die Spannung der Arme in dieser Übung von besonderer Bedeutung ist, sollten Sie die Dehnung natürlich dennoch nicht übertreiben und keinesfalls über Ihre persönliche Schmerzgrenze hinausgehen.

Bogenschießen

In dieser chinesischen Übung vollziehen Sie den Bewegungsablauf eines Schützen beim Bogenschießen nach. Stellen Sie sich während der Bewegung vor, daß Sie tatsächlich einen Bogen in den Händen hielten: das wird es Ihnen erleichtern, die Übung korrekt auszuführen.

1 *Stellen Sie die Füße mindestens schulterbreit auseinander und beugen Sie die Knie; am besten ist es, wenn Sie so weit sinken können, daß die Oberschenkel fast parallel zum Boden sind und mit den Unterschenkeln einen Winkel von ungefähr 90 Grad bilden. Heben Sie beim Einatmen die Hände, Handflächen nach unten, bis in Schulterhöhe. Strecken Sie die Zeigefinger und winkeln Sie die Daumen leicht an, so daß sie zueinander zeigen. Die übrigen Finger führen Sie zu den Handflächen. Stellen Sie sich vor, daß Sie einen Bogen ungespannt vor dem Körper halten.*

2 *Strecken Sie nun den linken Arm zur Seite und folgen dabei der Hand mit dem Blick. Gleichzeitig ziehen Sie den rechten Ellbogen nach rechts. Dehnen Sie dabei Ihren Brustkorb soweit wie möglich und atmen Sie tief ein. Stellen Sie sich vor, daß Sie einen Bogen gespannt halten und ein Ziel auf der linken Seite anvisieren. Die Arme sollten etwa auf einer Linie sein.*

1

2

3

Halten Sie eine Weile die Spannung und lassen Sie dann, gleichzeitig mit dem Beginn der Ausatmung, die »Bogensehne« los. Dieses Loslassen sollte wie von selbst und ohne Willensanstrengung kommen.

3 *Kehren Sie zur Grundstellung zurück und wiederholen Sie die Übung nach der anderen Seite.*

Nervenstärkende Atmung

Diese Übung harmonisiert die Atmung und wirkt allgemein beruhigend. Der Sauerstoffaustausch wird erhöht und der Kreislauf sanft angeregt. Sie können die positive Wirkung der Übung auf Ihren psychischen Zustand noch dadurch erhöhen, daß Sie sich bei jeder Ausatmung möglichst genau vorstellen, alle Sorgen, Belastungen und alle Unruhe mit der Armbewegung nach vorne hin abzugeben.

1 *Stehen Sie mit leicht geöffneten Beinen; achten Sie darauf, daß die Füße nicht zu weit nach außen zeigen und daß die Knie entspannt sind.*
Lassen Sie die Arme neben dem Körper hängen, dabei zeigen die Handflächen in Richtung Oberschenkel.

Mit der nächsten Einatmung werden die Arme nun seitlich nach oben geführt, wobei sich die Handflächen nach außen und oben drehen. Diese Bewegung geht so weit, bis sich die Hände über dem Kopf berühren.

2 *Lassen Sie nun die Handflächen bis vor die Schultern sinken.*

3 und **4** *Atmen Sie ein und drücken Sie mit der nächsten Ausatmung die Arme nach vorne, wobei die Handflächen nach vorne zeigen, so als wollten Sie einen Gegenstand wegschieben. Stellen Sie sich dabei vor, alles Belastende und Negative von sich wegzudrücken.*

1

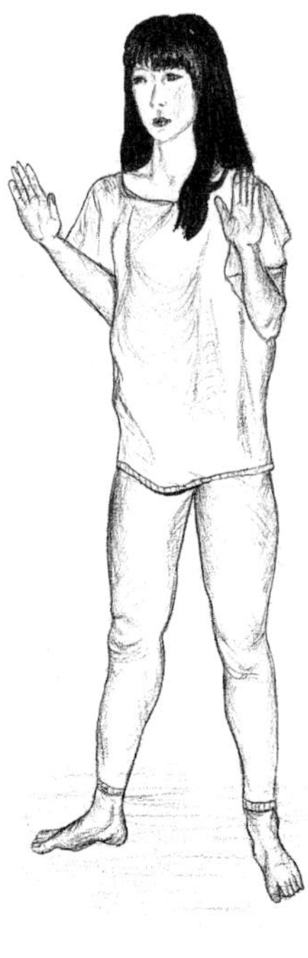

2

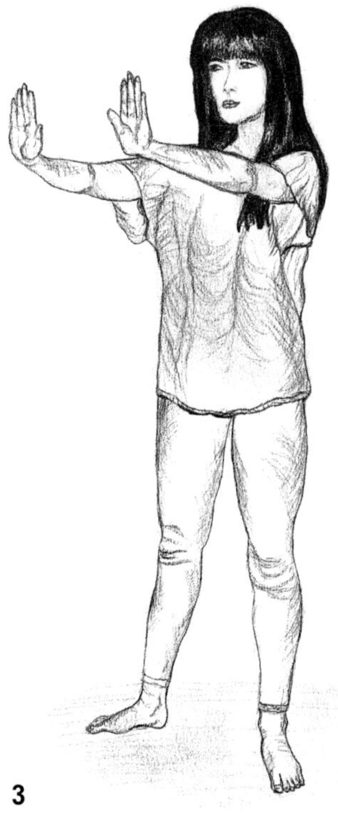

3

Ziehen Sie die Arme dann wieder mit der Einatmung an den Körper heran und schieben Sie sie mit der Ausatmung wieder nach vorne.

Wiederholen Sie diese mit der Atmung kombinierte Bewegung mindestens fünfmal und steigern Sie im Laufe der Zeit auf bis zu zwölf Wiederholungen. Beenden Sie die Übung, indem Sie die Arme noch einmal über den Kopf heben und sie dann über die Seite langsam nach unten sinken lassen. Legen Sie sich nach dieser Übung kurz auf den Rücken und versuchen Sie zu spüren, was die Übung in Ihnen verändert hat.

4

Meditation für den Nervösen

Vorbereitung:
Lockern Sie Ihren Körper und strecken Sie sich durch. Setzen Sie sich dann auf einen Stuhl oder auf den Boden, in aufrechter Haltung. Versuchen Sie einerseits gerade und andererseits dennoch locker zu sitzen. Schließen Sie die Augen und lassen Sie Ihren Atem ruhig und tief werden. Vergessen Sie alles Vergangene und belasten Sie sich nicht mit Gedanken an Zukünftiges.

Stufe I
Stellen Sie sich vor, Sie gehen in einem Wald spazieren. Es ist ein großer, kühler Wald, und Sie sind ganz allein. Versuchen Sie, sich Ihren eigenen Wald gedanklich zu erschaffen und möglichst viele Details in Ihrer Vorstellung lebendig werden zu lassen. Während Sie durch den Wald gehen, kommen Sie an dunkle Stellen und an Lichtungen, an denen Sonnenstrahlen durch die Bäume in den Wald strahlen. Es ist ein warmer Tag, und der Wald kühlt Sie auf angenehme Weise. Sie saugen das Grün der Bäume in sich auf und öffnen sich für die Ruhe des Waldes. Versuchen Sie auch, sich den Gesang der Vögel und den Geruch von Harz und Holz vorzustellen. Spüren Sie, wie Sie in der Stille des Waldes immer ruhiger und gelassener werden...

Stufe II
Beenden Sie nun langsam Ihre Vorstellung und kommen Sie ganz in diesen Moment und an diesen Ort zurück, lassen Sie aber die Augen geschlossen. Beobachten Sie Ihren Atem, und lassen Sie alle unnötigen Anspannungen mit jedem Ausatmen los. Konzentrieren Sie sich nun ganz auf die Kraft der Ruhe, indem Sie mit jeder Einatmung Ruhe in sich aufnehmen und diese Ruhe mit jedem Ausatmen in ihrem Körper verteilen. Wenn Sie das Gefühl haben, daß sich die körperliche Ruhe allmählich einstellt, laden Sie auch Ihren Gefühlsbereich mit der Kraft der Ruhe auf. Erst wenn sich wirklich ein tiefes Gefühl der Ruhe einstellt, sollten Sie schließlich noch dazu übergehen, Ihr Denken mit Ruhe zu erfüllen. Um die Konzentration zu erhöhen, ist es möglich, bei jedem Einatmen »RU« und bei jedem Ausatmen »HE« zu denken und diesen Begriff immer wieder in Verbindung mit der Atmung zu pendeln. Kehren Sie bei störenden und ablenkenden Gedanken immer wieder zum Wort »RUHE« zurück...

Stufe III
Lassen Sie das Wort »Ruhe« allmählich wieder los, und konzentrieren Sie sich nun auf Ihren Herzbereich. Nehmen Sie mit jedem Einatmen Energie im Herzen auf. Sie können sich diese Energie als ein goldenes Licht vorstellen, das sich immer mehr in Ihrem Herzbereich ausbreitet. Sobald Sie das Gefühl haben, daß Ihr gesamter Brustraum von strahlendem goldenem Licht erfüllt ist, sollten Sie diese Energie weiter nach oben, zu Ihrem Stirnbereich hinströmen lassen. Sie benötigen dazu aber keinerlei Willenskraft sondern lediglich Vorstellungsvermögen.
Stellen Sie sich dieses Aufnehmen der Energie im Herzbereich und das Weiterströmen in den Kopfbereich so lange vor, bis Sie beginnen, diese Energie tatsächlich zu spüren. Beenden Sie die Übung, indem Sie sich auf Ihren Körper konzentrieren, auf seinen Kontakt zur Erde und auf seine Schwere. Atmen Sie dann tief ein und aus und öffnen Sie wieder die Augen.

Shiatsu für den Nervösen

Für alle, die aufgrund des Persönlichkeitstests zur Gruppe des nervösen Typen gehören, ist die Massage des Magen-Meridianes von besonderer Bedeutung. Dieser Meridian beginnt unterhalb des Auges und verläuft an der Vorderseite des Körpers über die Seite des Bauches und an der Oberseite des Beines bis hin in die Zehe neben dem großen Zeh.
Magenbeschwerden, Blähungen und Verdauungsstörungen deuten ebenso auf ein Problem mit dem Magen-Meridian hin wie auch Stirnhöhlenkatarrhe, Schmerzen im Gesicht, Nasenverstopfung, Zahnschmerzen, aber auch Müdigkeit in den Bei-

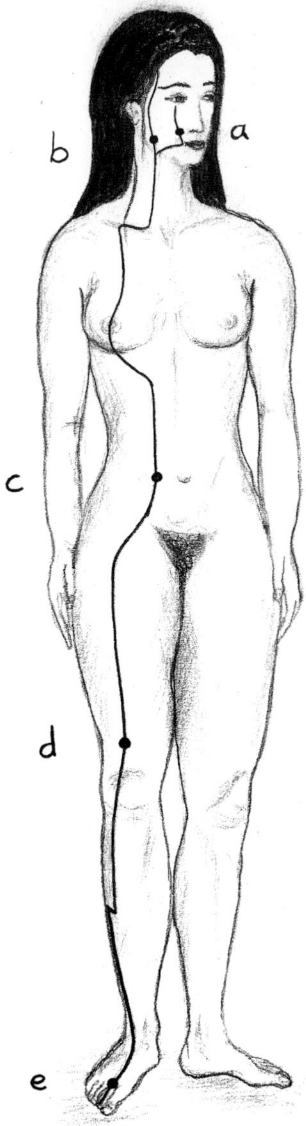

nen. Ferner hängt der Magen-Meridian mit Symptomen wie Aufstoßen, Übelkeit und Säurebildung im Magen zusammen. Durch nervöse Reaktionen wird die Energie des Magen-Meridianes negativ beeinflußt.

Der Magen-Meridian

In der Massage sind besonders folgende Punkte zu behandeln:

a *auf der Linie unterhalb der Augenmitte; in Höhe der Nasenbasis, etwas über der oberen Zahnreihe;*
b *seitlich des Mundes am Kiefergelenk; bei Anspannung der Kiefermuskulatur wird an der Ecke des Kiefers eine Vertiefung spürbar;*
c *seitlich des Bauchnabels, etwa 4 bis 6 cm davon entfernt;*
d *etwa handbreit oberhalb der Kniescheibe, im äußeren Oberschenkelmuskel, also etwas zur Außenseite des Oberschenkels hin;*
e *in der Vertiefung in der Nähe des zweiten Zehenknochens, zwischen der zweiten und dritten Zehe.*

Drücken Sie alle diese Punkte mit dem Daumen, außer den Punkten neben dem Bauchnabel. Hier sollten Sie besser mit Zeige- und Mittelfinger drükken. Erhöhen Sie jeweils langsam den Druck, und seien Sie bei den Punkten im Gesicht vorsichtig; drücken Sie dort nicht zu stark. Halten Sie den Druck jeweils etwa zehn Sekunden. Lassen Sie ihn auch wieder allmählich und nicht zu plötzlich los. Im Bauchbereich können Sie den Druck auch etwas länger halten, Sie sollten aber nicht zu fest drücken. Drücken Sie jeden der genannten Punkte zwei- bis dreimal, oder massieren Sie die Punkte mit langsamen, kreisförmigen Bewegungen. Bei regelmäßiger Massage des Magen-Meridianes kommt es sehr bald zu einer Harmonisierung nervöser Zustände und zur Beruhigung der Psyche.

Der aggressive Mensch

Fühlen Sie oft unkontrollierbare Wut in sich aufsteigen? Ärgern Sie sich fast täglich über Ihre Mitmenschen und reagieren mit Unfreundlichkeit oder werden laut? Gibt es Dinge oder Menschen, an die Sie nur denken müssen, um ärgerlich zu werden? Haben Sie manchmal das dringende Bedürfnis, jemandem die Meinung zu sagen – oder sogar handgreiflich zu werden? Vielleicht folgen Sie diesen Impulsen sogar manchmal.

Wenn Sie jede der gestellten Fragen mit »ja« beantworten müssen, sind Sie wohl ein extremes Beispiel für einen aggressiven Menschen. Der Hang zur Gewalttätigkeit muß sich jedoch nicht immer offen zeigen; möglicherweise wird er sogar nicht einmal auf Anhieb bewußt. Aggression kann sich sowohl nach außen, gegen Menschen oder Sachen, als auch nach innen, gegen sich selbst, richten. Der Aggression kann körperlich Ausdruck verliehen werden, sie kann aber auch verbal oder gefühlsmäßig auftreten.

Der aggressive Mensch leidet oft selbst an seinem Problem, das vor allem darin besteht, sich in der augenblicklichen Situation nicht richtig unter Kontrolle zu haben. Er kann ein durchaus warmherziger und freundlicher Mensch sein, aber wenn ihn etwas provoziert, denkt er nicht lange darüber nach, sondern reagiert sofort mit Aggression. Aus dieser Beschreibung sieht man schon, welche der drei Wesenskräfte Körper, Seele und Geist eher im negativen Bereich liegt, nämlich die geistige Energie. Die hohe emotionale Kraft des aggressiven Menschen bewirkt,

daß er stark gefühlsmäßig reagiert; dabei wird das Auftreten aggressiver Tendenzen durch die ebenfalls hohe vitale Energie begünstigt, da keine ausreichende geistige Kontrolle erfolgt. Kurz gesagt, der Aggressive denkt zu wenig über die Folgen seiner Handlungen nach. Dieses Problem wirkt sich in vielen Lebensbereichen negativ aus. Der aggressive Mensch lebt »aus dem Bauch«, er ist äußerst impulsiv und folgt momentanen Eingebungen. Diese Merkmale zeichnen zwar auch Menschen aus, deren Intuition weit entwickelt ist, jedoch mit dem Unterschied, daß bei ihnen Geist und Gefühl im Einklang sind, was ja auf den Aggressiven gerade nicht zutrifft.

Die Folgen dieser ungenügenden Kontrolle, wenn sie sich in körperlicher Gewalt äußern, sind wohl in den allermeisten Fällen sehr ungünstig nicht nur für den betreffenden aggressiven Menschen, sondern ebenso für das Opfer seiner Gewalttätigkeiten. Die gesellschaftlichen Normen und Regeln führen jedoch immer mehr dazu, daß Aggressionen sozusagen »von außen« kontrolliert werden. Das heißt dann entweder, daß die Familie, besonders Kinder, unter der aggressiven Veranlagung leiden müssen oder daß sich die aggressive Energie nach innen wendet. Wenn das der Fall ist, entstehen Magen- und Darmgeschwüre, Hautausschläge und Herzprobleme, also psychosomatische Krankheiten. Auch Kopfschmerzen, die sich zur chronischen »Migräne« steigern können, treten auf.

Der Aggressive muß aber keineswegs völlig unkontrolliert sein! Wir haben bisher ja nur die negativen Aspekte hervorgehoben. Die gut entwickelten körperlichen und gefühlsbetonten Energien des aggressiven Menschen bringen durchaus Vorteile mit sich. Es sind nämlich nicht nur die negativen Emotionen, die der Aggressive nicht kontrolliert, sondern genauso positive Gefühle, wie Freude, Zuneigung oder Liebe. Dadurch schafft sich der aggressive Mensch auch viele Freunde – wenn er sie nicht wieder durch unkontrollierte Wutausbrüche abschreckt. Der Aggressive ist auch besonders begeisterungsfähig; dies ist im Hinblick auf das Ziel einer ganzheitlichen Harmonie von großem Vorteil; wenn er nämlich einen Weg geht, geht er ihn kraftvoll und entschlossen.

Eine Methode, wie der Aggressive sein vordergründigstes Problem, die Tendenz zu aggressivem Verhalten, bis zu einem gewissen Grad unter Kontrolle bekommen kann, ist, seine aggressive Energie in körperlichen Aktivitäten zu erschöpfen, also in Sport, insbesondere Kampfsportarten. Diese körperliche Erschöpfung bildet eine gute Grundlage für die Übungen, welche die geistigen Energien entwickeln und schließlich alle drei Wesenskräfte in Harmonie miteinander bringen.

Der Aggressive

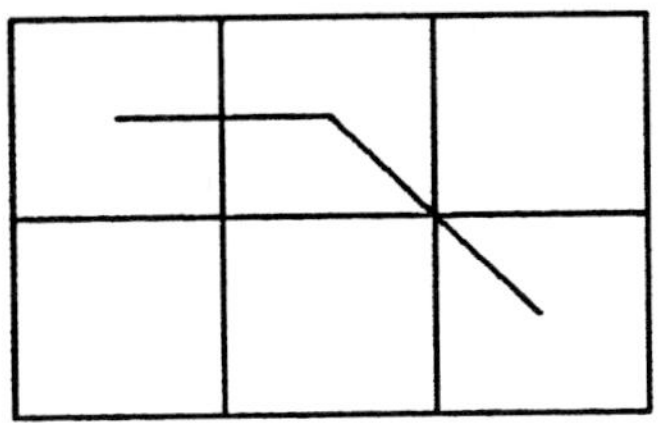

Die Stellung des Kindes

Die Stellung des Kindes wirkt sehr beruhigend und hilft bei Verspannungen; außerdem wird der Kopf gut durchblutet und die inneren Organe werden sanft stimuliert.

1 und **2** *Die Ausgangsstellung für diese Haltung ist der Fersensitz. Knien Sie sich dazu auf den Boden, und setzen Sie sich auf Ihre Fersen, wobei darauf geachtet werden sollte, daß die Füße und Knie sich berühren.*

Wenn Ihnen diese Haltung Schmerzen bereiten sollte, können Sie ein dünnes Kissen zwischen Ihre Beine und Ihr Gesäß schieben. Schließen Sie in dieser Stellung die Augen, und konzentrieren Sie sich auf Ihre Atmung. Lassen Sie den Atem allmählich ruhig und gleichmäßig werden.

Senken Sie dann in einer langsamen Bewegung den Oberkörper nach vorn, und legen Sie den Kopf vor die Knie auf den Boden, wobei er auf der Stirn aufliegen sollte. Die Arme legen Sie neben den Körper, die Handflächen zeigen nach oben.

Ideal wäre es, wenn die großen Zehen in dieser Haltung noch übereinander lägen.

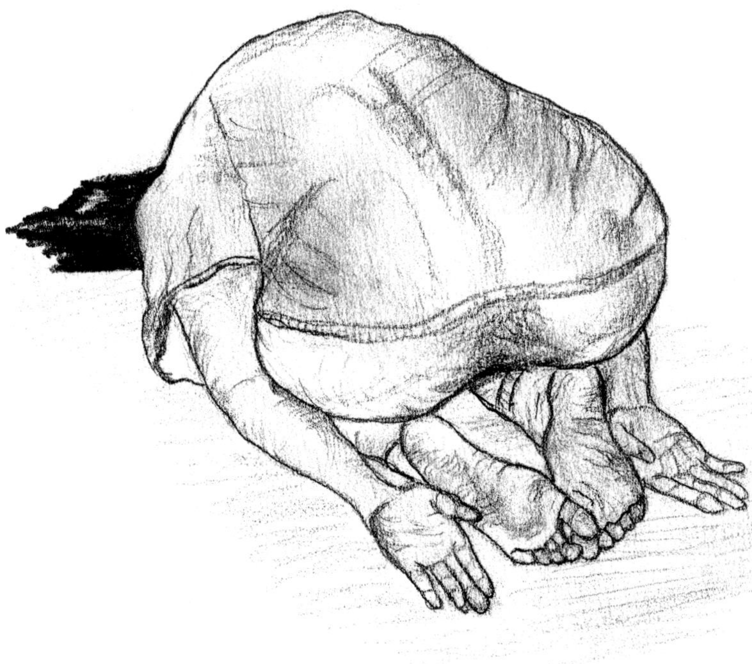

1

2

Bleiben Sie mindestens für eine Minute in dieser Stellung, und atmen Sie ruhig weiter. Entspannen Sie sämtliche Muskeln Ihres Körpers, und erspüren Sie die Atembewegung im Rücken. Diese Haltung ist sehr einfach, und die eigentliche Schwierigkeit liegt darin, ganz wach und bewußt zu bleiben und sich so weit wie möglich zu entspannen.

Um die Übung zu beenden, richten Sie sich sehr langsam wieder auf, wobei darauf zu achten ist, daß Sie den Rücken von unten her – also Wirbel für Wirbel – aufrichten. Dabei bleibt der Kopf bis zuletzt hängen und wird erst gehoben, wenn die Wirbelsäule wieder ganz aufgerichtet ist.

Die Übung wird nur ein einziges Mal ausgeführt, allerdings empfiehlt es sich, die Dauer von einer Minute auf bis zu drei Minuten zu steigern.

Großer Atemkreis

Durch diese Übung wird die Atmung harmonisiert und gleichzeitig verstärkt, was im psychischen Bereich zu einer Beruhigung und zu mehr Gelassenheit führt. Außerdem begünstigt die Übung den Sauerstoffaustausch, ist gut für die Lungen und sie belebt den Kreislauf.

1 *Die Ausgangsstellung für den großen Atemkreis ist die Hocke. Versuchen Sie in der Hocke, die Füße möglichst nah zusammenzuhalten, strecken Sie die Arme und legen Sie Ihre Handrücken aneinander.*

2 *Mit einer tiefen, ruhigen Einatmung kommen Sie dann langsam aus der Hocke zum Stehen, wobei die Hände über die Körpermitte entlang nach oben bis unter das Kinn gebracht werden – die Handrücken bleiben immer noch in Berührung.*

3 *Wenn die Beine gestreckt sind, heben Sie die Arme noch weiter nach oben und lösen die Hände über dem Kopf voneinander . . .*

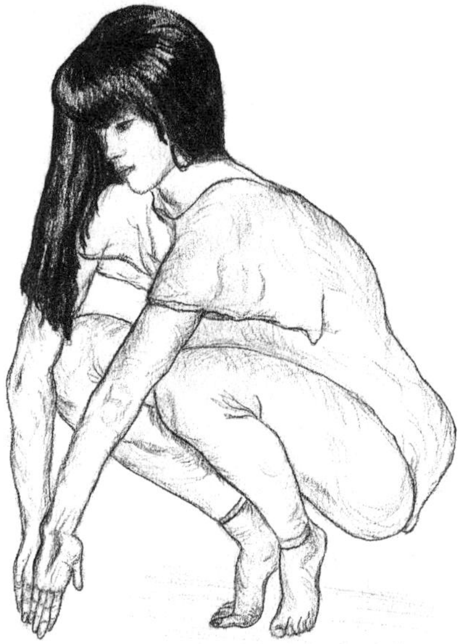

1

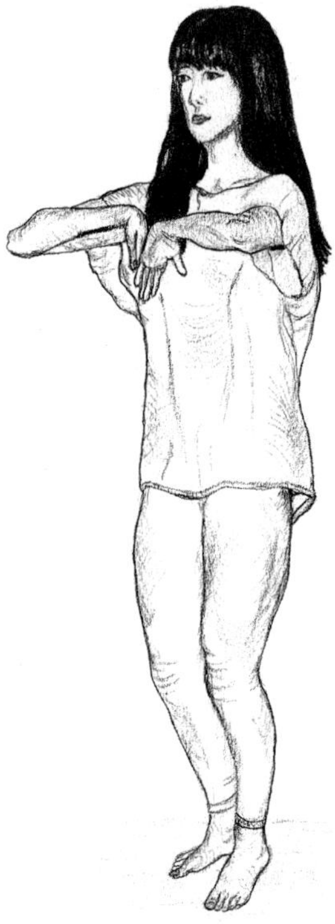

2

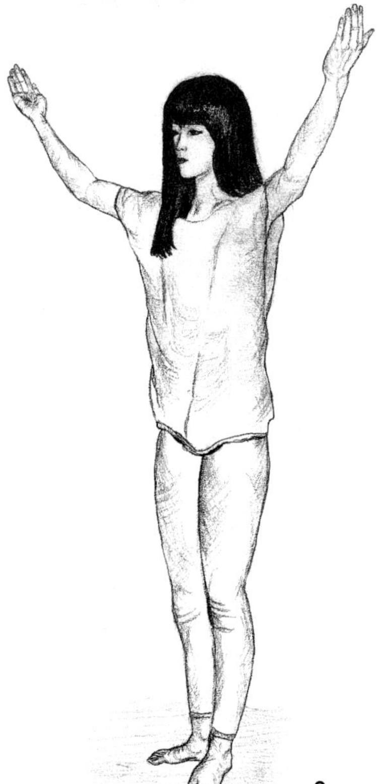

3

4

4 *Um die Arme dann oben weit zur Seite zu öffnen. Erst wenn diese Haltung erreicht worden ist, sollte die Einatmung beendet worden sein.*

Mit der Ausatmung lassen Sie zunächst die Arme einfach seitlich neben den Körper sinken, gehen dann wieder in die Hocke zurück und führen die Handrücken wieder aneinander.

Sie befinden sich dann wieder in der Ausgangsstellung und können die Übung dann noch ein- bis zweimal wiederholen.

Bedenken Sie bitte, daß es sich beim Atemkreis um eine fließende Bewegung handelt, bei der mit der Aufwärtsbewegung ein- und mit der Abwärtsbewegung ausgeatmet wird. Passen Sie also die Bewegung Ihrem eigenen Atemrhythmus an, wobei es günstig wäre, sich möglichst langsam zu bewegen. Die Füße bleiben während der gesamten Übung geschlossen. Anfangs genügen drei Wiederholungen, später kann man auf etwa sechs Folgen erhöhen.

Die sechs Heiligen Laute

Die Töne dieser Übung – die sogenannten »Sechs Heiligen Laute« – sprechen die wichtigsten Meridiane und damit die wichtigsten körperlichen, seelischen und geistigen Funktionen an. Dadurch wird kurzzeitig der Energiefluß in den Meridianen stimuliert und ein Anstoß zu einer allgemeinen Harmonisierung gegeben, die gerade der Aggressive besonders benötigt. Auch bei Unruhe und Ärger hilft die Übung, einen klaren Kopf zu behalten.

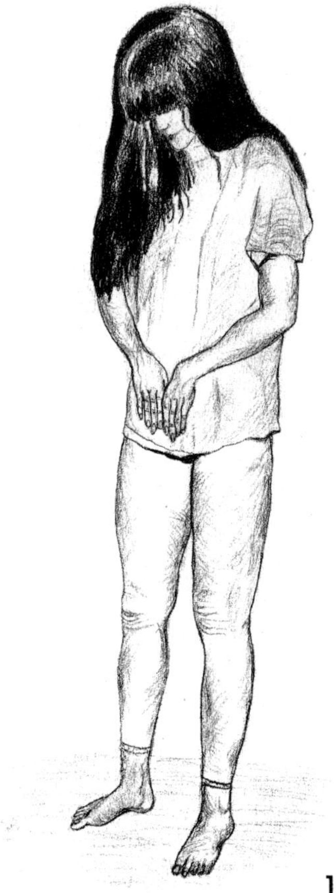

1

1 *Stellen Sie Ihre Füße einen Schritt weit auseinander, und heben Sie bei der Einatmung die Hände mit den Handflächen nach unten bis vor den Bauch. Beugen Sie etwas den Kopf, und blicken Sie auf Ihre Handrükken herab.*

2 *Atmen Sie tief aus. Mit der folgenden Einatmung ziehen Sie die Arme weiter nach oben, während Sie immer auf die nun aneinandergelegten Handrükken schauen.*
Wenn die Einatmung beendet ist, sollten die Hände gerade unter dem Kinn angelangt sein.

3 *Drehen Sie nun die Hände, so daß Sie auf die Handinnenflächen sehen. Ziehen Sie die Hände nach unten, atmen Sie aus und lassen Sie dabei die Laute »KOH – HUH – SEH – CHÜ – CHI – TSUI« erklingen. Folgen Sie den Händen mit dem Blick, bis Sie vor dem Bauch angekommen sind.*
Lassen Sie dann die Hände entspannt sinken, und wiederholen Sie die Übung dreimal.

Die Laute, die während der Übung erklingen sollen, sind von ganz besonderer Wichtigkeit. Achten Sie darauf, daß Sie diese Laute locker und ganz entspannt äußern; sie sollten ineinander übergehen, etwa gleich laut sein und innerhalb einer Ausatmung erklingen.

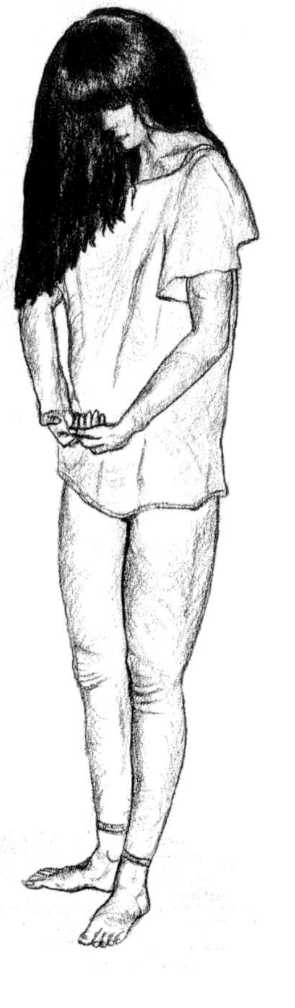

3

2

Die Leber-Atmung

Auch diese Übung, wie schon die vorhergehende, benützt einen bestimmten Laut, der für ihre Wirkung von entscheidender Bedeutung ist. Der Laut besteht aus zwei Teilen: zunächst ein Reibelaut »tsch ...«, auf den ein Vokal folgt, der zwischen den deutschen Lauten »ö« und »ü« liegt. Denken Sie auch hier daran, daß Sie den Laut kräftig und entspannt äußern, da die Übung sonst wirkungslos bleibt.
Die Vibration des Energietones dieser Übung löst Blockaden im Leber-Meridian auf und massiert die Leber. Dies unterstützt die Auflösung der zugrundeliegenden aggressiven Tendenzen des aggressiven Menschen.

1 *Stehen Sie in einer bequemen und entspannten Haltung. Die Füße stehen etwa eine Handbreit auseinander. Nutzen Sie ein paar Atemzüge, um sich möglichst weit zu entspannen und geistig auf die Übung vorzubereiten.*
Atmen Sie tief ein, und heben Sie dabei die Arme seitlich, bis sie parallel zum Boden sind. Die Handflächen weisen dabei nach unten.

2 *Wenden Sie jetzt die Handflächen nach oben, und führen Sie sie vor die Brust, so daß sich die Fingerspitzen gegenüberstehen. Legen Sie jetzt die Hände auf den Bauch unterhalb des Bauchnabels. Erst hier ist die Einatmung beendet. Atmen Sie vollständig aus.*

3 *Mit der nächsten Einatmung neigen Sie den Körper etwas nach vorn.*
In dieser Stellung beginnen Sie mit der Ausatmung und lassen dabei den Laut »CHÜ« klingen. Dabei neigen Sie sich langsam etwas nach hinten.

Mit dem Einatmen lassen Sie die Arme wieder entspannt sinken, und spüren der Übung nach; wiederholen Sie insgesamt sechsmal.

1

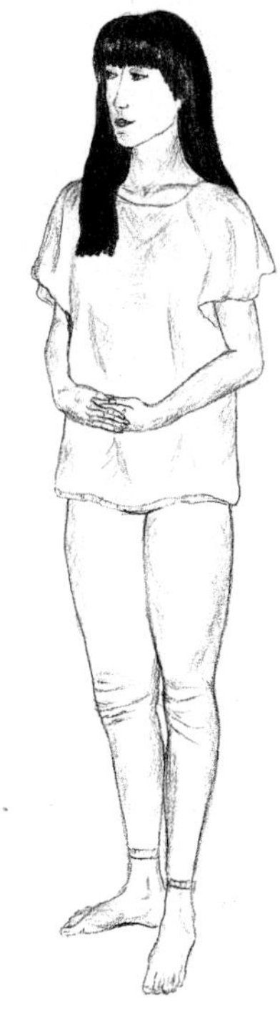

2

3

Meditation für den Aggressiven

Vorbereitung:
Nehmen Sie eine bequeme, sitzende Position ein. Achten Sie darauf, die Wirbelsäule gerade zu halten. Schließen Sie Ihre Augen, und entspannen Sie alle Muskeln. Atmen Sie noch einmal tief durch, und lassen Sie Ihren Atem dann zur Ruhe kommen. Beobachten Sie die Atmung, ohne sie zu beeinflussen.

Stufe I
Beginnen Sie mit der Imaginationstechnik, und stellen Sie sich dabei eine große Wiese vor. Sie können sich vorstellen, mitten auf dieser Wiese auf dem Rücken zu liegen. Versuchen Sie ein inneres Bild von Ihrer ganz eigenen Wiese in sich entstehen zu lassen, indem Sie sich möglichst genau alle Einzelheiten vorstellen. Sie liegen auf dieser Wiese und spüren die Wärme der Sonne und den weichen Boden. Sie können sich ganz und gar tragen lassen. Spüren Sie den Kontakt zur Erde und versuchen Sie, sich die Blumen auf dieser Wiese ebenso vorzustellen, wie auch das Geräusch der summenden Insekten und den Geruch des Grases. Weit und breit ist kein anderer Mensch, und Sie genießen die Schwere Ihres Körpers und die Ruhe und den Frieden, die die grüne Wiese ausstrahlt. Obwohl Sie sehr entspannt sind, sind Sie dennoch ganz wach und aufmerksam …

Stufe II
Lassen Sie dieses Bild dann langsam wieder los, und konzentrieren Sie sich wieder auf Ihre Körperhaltung. Haben sich inzwischen Verspannungen gebildet? Wenn ja, lassen Sie wieder bewußt los, und korrigieren Sie Ihre Körperhaltung. Konzentrieren Sie sich nun auf Ihren Atem. Beobachten Sie, wie sich beim Einatmen die Bauchdecke hebt und wie sie beim Ausatmen wieder weich zusammensinkt. Schauen Sie dabei aber nur zu, und beeinflussen Sie die Atembewegung nicht willentlich. Spüren Sie nun, wie Sie in dieser Stille zunehmend von Frieden erfüllt werden. Lassen Sie Ihren Körper, Ihre Gefühle und Ihre Gedanken von Frieden erfüllt sein. Sie können die Wirkung noch verstärken, indem Sie mit jedem Einatmen »ICH BIN« und mit jedem Ausatmen »FRIEDEN« denken und alle anderen Gedanken aus Ihrem Kopf verbannen. Halten Sie die Konzentration so lange aufrecht, bis Sie tatsächlich ein Gefühl inneren Friedens zu spüren beginnen. Dies kann manchmal ein Weilchen dauern, und Sie sollten den Mut nicht gleich verlieren, wenn es nicht auf Anhieb klappt …

Stufe III
Beenden Sie nun langsam die Wiederholung der Worte, und kontrollieren Sie noch einmal, ob Sie noch entspannt und aufrecht sitzen. Leben Sie sich dann in Ihrem Kopfbereich ein, und konzentrieren Sie sich auf die Stelle hinter Ihrer Stirn. Stellen Sie sich nun mit jedem Einatmen vor, wie Sie ein helles violettes Licht aus dem Himmel in Ihren Kopf strömen lassen. Lassen Sie dieses Licht bei jeder Ausatmung größer werden, so lange, bis Ihr ganzer Körper und Ihr ganzes Denken von diesem Licht erfüllt sind. Stellen Sie sich immer wieder auf dieses Licht ein, und vergessen Sie alles, was nicht mit der Übung zu tun hat. Bleiben Sie entspannt, und lassen Sie den Ausgleich Ihrer Energien einfach zu.
Bevor Sie die Übung beenden, sollten Sie noch einmal ganz bewußt den Boden spüren, der Sie trägt und sich, ohne die Augen zu öffnen, den Raum vorstellen, in dem Sie sitzen. Atmen Sie dann einige Male tief durch, und beenden Sie die Übung.

Shiatsu für den Aggressiven

Die Massage des Herz-Meridianes ist für den aggressiven Persönlichkeitstypen von besonderer Bedeutung. Nach chinesischer Auffassung kommt dieser Meridian aus der Herzquelle, verläuft dann über die Achselhöhle an der Innenseite der Arme entlang bis hin zur Fingerkuppe des kleinen Fingers. Fehlt es im Herz-Meridian an Energie, so kommt es zu zahlreichen psychischen und körperlichen Verstimmungen. So können Herzbeschwerden, Kreislaufstörungen und Dünn-

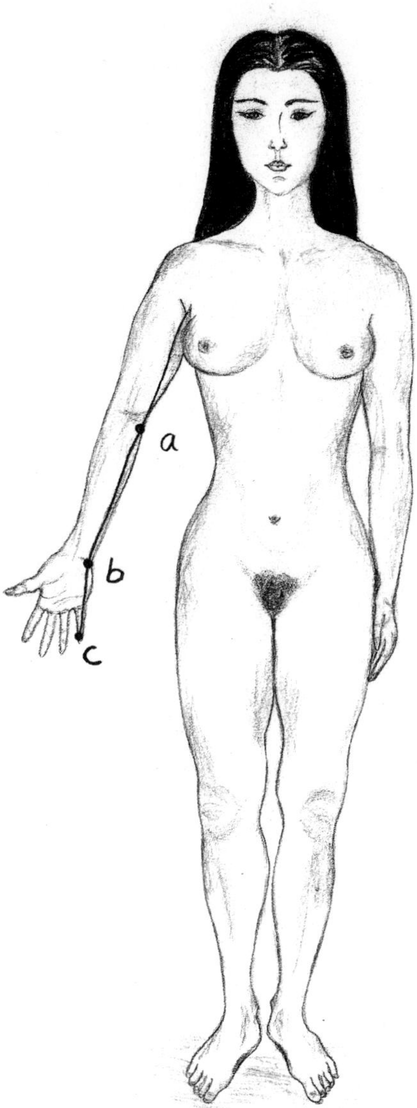

darmerkrankungen ebenso damit zusammenhängen, wie auch psychische Fehlhaltungen wie beispielsweise Rastlosigkeit, Aggressionen, Hektik und Gefühlsausbrüche. Auch die Konzentration und die Wachheit des Geistes können durch Energieblockaden im Magen-Meridian behindert werden.

Der Herz-Meridian

Drei Akupressurpunkte sind für die energetische Stimulierung des Herz-Meridianes besonders wichtig:

a *an der Innenseite des Oberarmes, nahe der Falte des Ellbogens;*
b *im Gelenk zwischen Elle und Erbsenbein, in der Handgelenkfalte auf der Seite des kleinen Fingers;*
c *an der Fingerkuppe des kleinen Fingers, auf dessen Innenseite.*

Drücken Sie die genannten Punkte mit dem Daumen je dreimal. Drücken Sie mit der Ausatmung, und lösen Sie mit der Einatmung, wobei Sie darauf achten sollten, den Druck mindestens sieben Sekunden zu halten. Der Punkt, der am kleinen Finger liegt, kann auch mit einem spitzeren Gegenstand, wie zum Beispiel einem Bleistift, gedrückt werden. Übertreiben Sie aber nicht. Ein gewisser Schmerz ist zwar positiv, da er auch ankündigen kann, daß Sie den richtigen Punkt gefunden haben. Sie sollten aber dennoch niemals so stark drücken, daß es zu richtigen Schmerzen kommt. Die Stimulierung der drei Punkte sollte mindestens einmal täglich erfolgen. Mit der Zeit kommt es dadurch zur Harmonisierung körperlicher und psychischer Probleme. Kann die Energie im Herz-Meridian wieder frei fließen, vermindern sich allmählich negative Emotionen, wie Aggressionen, Wut- oder Haßgefühle.

Der unsichere Mensch

Unsicherheit ist ein Gefühl, das besonders dann auftritt, wenn wir neuartigen Situationen gegenüberstehen. Wir wissen dann manchmal nicht, wie wir »richtig« reagieren sollen, weil wir die Situation nicht überschauen, oder zumindest an unserem Überblick zweifeln. Die Unsicherheit ist in vieler Hinsicht der Angst verwandt, ja, man könnte sie als die Angst vor neuen Erfahrungen umschreiben. Daher ist der unsichere Mensch auch in vielerlei Hinsicht dem Ängstlichen ähnlich.

Auch der Unsichere hat Angst, nur tritt bei ihm die Angst nicht in den Vordergrund, sie ist nicht das Allesbeherrschende. Beim unsicheren Menschen spielt der Aspekt Zweifel eine tragende Rolle: Er zweifelt oft an sich selbst, an seinen Fähigkeiten, seinen Eigenschaften, seinem Aussehen oder aber auch an anderen Menschen, an ihrer Aufrichtigkeit, ihren Absichten und ihrem Verhältnis zu ihm.

Dieses ständige Zweifeln, das möglicherweise gar nicht bewußt wird, sondern sich nur in dem Gefühl der Unsicherheit ausdrückt, ergibt sich auch hier aus dem Mißverhältnis der drei Wesenskräfte Körper, Seele und Geist. Angst rührt daher, daß die starken geistigen Kräfte die Gedankenspiele mit den angstauslösenden Faktoren fördern und die Kombination aus schwachen vitalen Kräften und starken emotionalen Energien dazu führt, daß sich der Teufelskreis der Angst aufbaut. Beim unsicheren Menschen verhält es sich ähnlich; es baut sich jedoch nicht dieser Teufelskreis auf, da die emotionale

Energie beim Unsicheren ebenso wie seine körperliche Energie eher niedrig ist. Aber auch der unsichere Mensch neigt dazu, sich zuviel Gedanken um unwichtige Dinge zu machen, anstatt sich mit aller Energie dem Leben hinzugeben.

Seine Gedanken kreisen oft hauptsächlich um die negativen Seiten des Lebens – was in der niedrigen vitalen Energie begründet liegt. Das hat zur Folge, daß der unsichere Mensch oft Kontakte meidet, um dem negativen Gefühl der Unsicherheit zu entgehen; dies ist aber genau das Gegenteil von dem, was ihm gut täte. Der unsichere Mensch braucht den Kontakt zu seinen Mitmenschen, um die Erfahrung zu machen, daß seine Unsicherheit keine reale Grundlage hat. Selbstverständlich ist zusätzlich die Arbeit an sich selbst notwendig; aber nur im Kontakt zu anderen können auch praktische Erfahrungen gemacht werden.

Das Zweifeln des unsicheren Menschen kann auch, wenn es sich nach innen richtet, zu psychosomatischen Erkrankungen führen. Beim Unsicheren ist dann meist das Immunsystem betroffen. Das Auftreten schwerer Krankheiten zeigt jedoch, daß die Unsicherheit ein extremes Maß angenommen hat und stellt ein deutliches Alarmsignal dar.

Während solche Krankheiten nur selten das Hauptproblem des unsicheren Menschen sind, leidet er fast immer unter einer lähmenden Handlungsunfähigkeit; er fühlt sich hin und her gerissen, wenn er etwas entscheiden muß. Oft flieht er daher solche Entscheidungssituationen und steht sich oft, vor allem beruflich, selbst im Weg.

Die positiven Seiten des Unsicheren machen es ihm glücklicherweise relativ leicht, seine Probleme in den Griff zu bekommen, wenn er jemanden findet, der ihm dabei hilft. Das bedeutet, daß der unsichere Mensch in besonderer Weise davon profitiert, von einem Lehrer begleitet zu werden.

Der unsichere Mensch ist meist überdurchschnittlich intelligent und selbstkritisch. Er beobachtet genau und überlegt sich, was er tut; nur ist leider seine Sicht der Dinge meist negativ gefärbt. Der Unsichere sollte sich im Alltag Stützen schaffen, sich zum Beispiel feste Termine setzen, wenn Entscheidungen für ihn anstehen und sich dabei fest vornehmen, diese auch einzuhalten. Damit wird der Entscheidungsprozeß deutlich vereinfacht. Da die Schwachpunkte des Unsicheren im emotionalen und körperlichen Bereich liegen, ist es für ihn wichtig, genügend körperliche Bewegung zu finden und vor allem seinen Gefühlen mehr Ausdruck zu verleihen. So kann er die Grundlage für eine harmonische Persönlichkeitsentwicklung legen, die mit Hilfe der von uns vorgeschlagenen speziellen Übungen weiter gefördert wird.

Der Unsichere

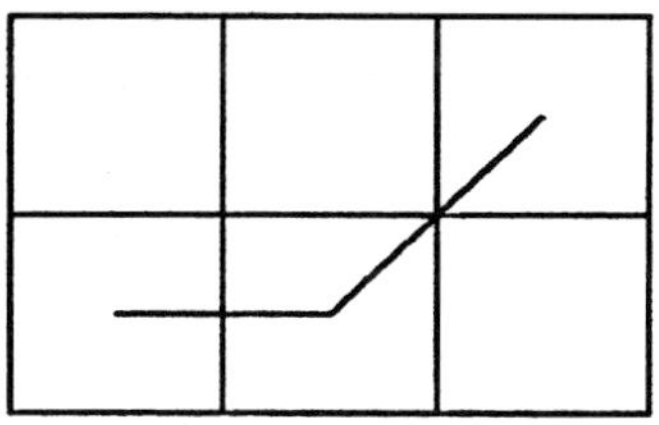

Die Gesäßbalance

Durch Entwicklung des äußeren Gleichgewichtes kommt es auch zu einer Stabilisierung des inneren Gleichgewichtes, was im psychischen Bereich zu mehr Sicherheit und Selbstvertrauen führt. Darüber hinaus stärkt diese Übung die Bauchmuskeln, sie löst Verspannungen im Rükkenbereich und fördert auch die Verdauung.

1 *Für diese Stellung sitzt man auf dem Boden, die Beine sind ausgestreckt und die Hände liegen neben dem Gesäß, mit den Fingerspitzen nach vorne weisend. Winkeln Sie dann die Knie an, und umarmen Sie Ihre Beine, indem Sie die Arme unter den Kniekehlen verschränken. Die Füße werden nun vom Boden abgehoben, und der Rücken wird etwas rund gemacht. Versuchen Sie in dieser Stellung zu balancieren, ohne dabei umzukippen. Bevor Sie nicht vollkommen reglos in dieser Stellung verweilen können, sollten Sie nicht zur schwierigeren Variation der Gesäßbalance übergehen.*

2 *Sobald Ihnen diese Übung aber keine Schwierigkeiten mehr bereitet, ergreifen Sie, während die Beine noch angewinkelt sind, Ihre Zehen. Versuchen Sie dann langsam, die Beine auszustrecken, und verweilen Sie in dieser Endhaltung. Diese Stellung ist nicht gerade einfach; es mindert die Übungswirkung nicht, wenn die Beine nicht ganz durchgestreckt werden können. Lassen Sie das Kinn etwas zur Brust zeigen, dann kann Ihnen nichts passieren, falls Sie einmal nach hinten umkippen sollten.*

Wenn möglich, halten Sie die Stellung etwa dreißig Sekunden, winkeln Sie die Beine dann wieder an und legen Sie sich für eine kurze Entspannungspause auf den Rücken.

Die Übung sollte mindestens dreimal wiederholt werden.

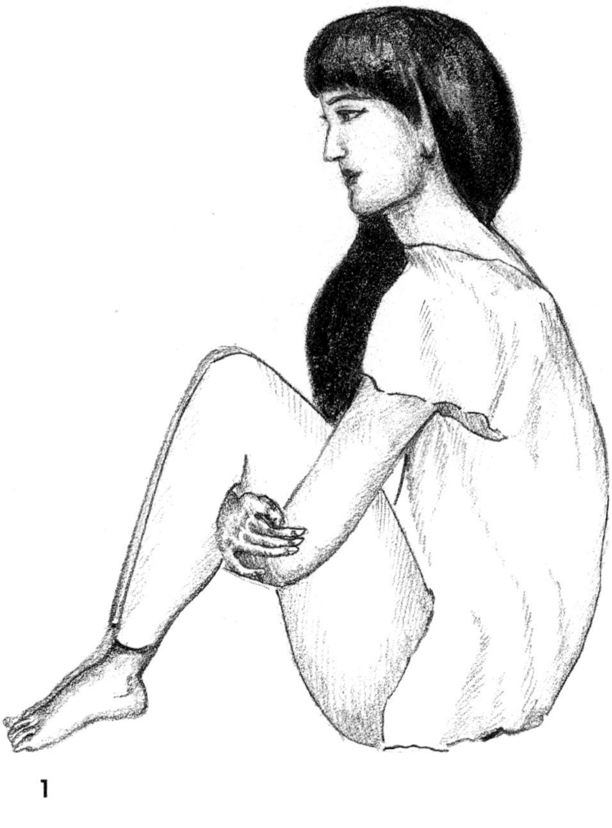

1

2

Großer Energiekreis im Liegen

Diese Übung erhöht die Beweglichkeit der Hände, Schultern und Arme; sie regt den Kreislauf an und aktiviert den Lungen-, Dickdarm-, Herz-, Dünndarm- und Herzkreislauf-Meridian.

1 *Legen Sie sich flach auf den Rücken, die Arme sind neben dem Körper, und die Füße fallen locker auseinander. Entspannen Sie sich in dieser Stellung, und lassen Sie Ihren Atem zur Ruhe kommen. Verschränken Sie dann bei gestreckten Armen die Hände ineinander, und dehnen Sie sie in Richtung Oberschenkel.*

2 *Bewegen Sie dann, ohne die Handhaltung zu lösen, die Arme in einem großen Kreis zur linken Körperseite ...*

3 *... und dann weiter nach oben über den Kopf.*
Während dieser gesamten Bewegung atmen Sie ein. Erst wenn sich die Arme gestreckt über dem Kopf befinden, beginnt die Ausatmung, mit der die Bewegung nun über die rechte Seite und wieder nach unten bis über die Oberschenkel weitergeführt wird.
Beginnen Sie dann von neuem mit der Bewegung nach links, die Sie wiederum mit der Einatmung kombinieren, und wiederholen Sie die Übung dreimal.

Achten Sie bitte darauf, daß sich bei dieser Übung die Hände nicht voneinander lösen, daß nur die Arme große, kreisförmige Bewegungen ausführen und daß die Beine und Füße dabei ganz entspannt bleiben.
Befinden sich die Arme auf der linken Körperseite, sollte der linke Arm in Bodenkontakt bleiben und umgekehrt.
Nach drei Wiederholungen sollten Sie die Hände lösen, die Arme kurz neben den Körper legen und entspannen, bevor Sie die Übung dann auch nach der anderen Richtung ausführen.
Wichtig ist, die Armbewegungen mit der Atmung zu koordinieren und tief zu atmen.

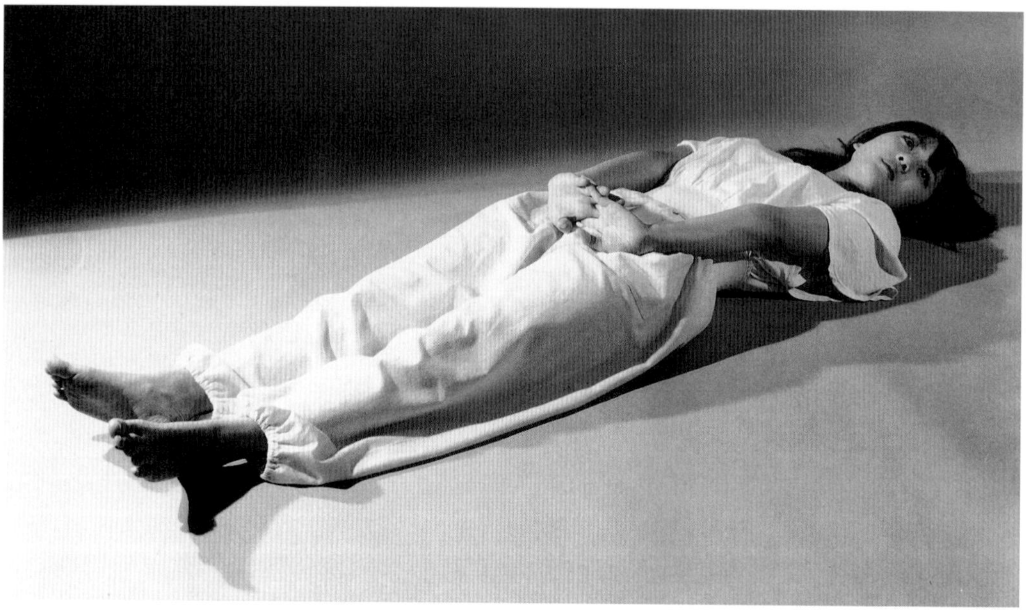

1

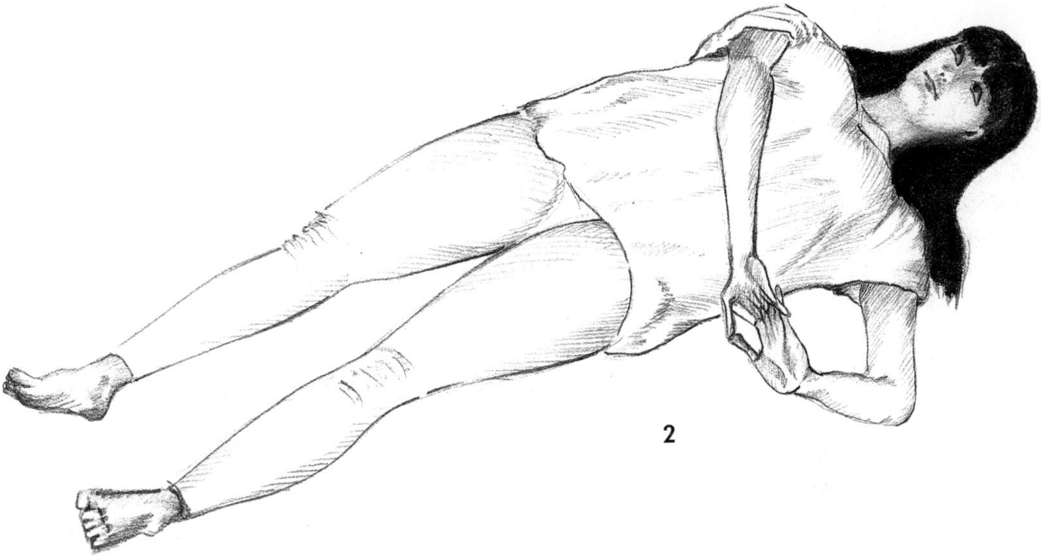

2

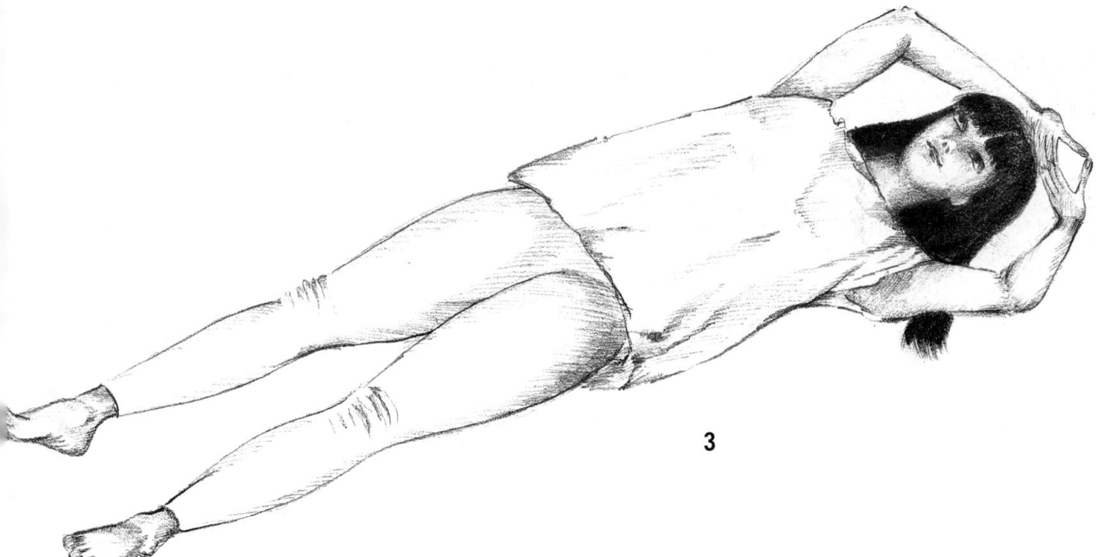

3

Wolken schieben

Die Übung beseitigt auf körperlicher Ebene Verspannungen in Hüfte, Rücken und Schultern, die gerade beim unsicheren Menschen häufig auftreten. Daneben wirkt die kraftvolle, konzentrierte und zielgerichtete Bewegung auch den tieferliegenden Gründen der Unsicherheit entgegen.

1 *Stehen Sie aufrecht, mit geschlossenen Beinen. Atmen Sie ein, ballen Sie die Hände zu Fäusten und führen Sie die Fäuste an die Hüften. Die Handinnenseiten weisen dabei nach oben. Richten Sie Ihren Blick entspannt auf einen Punkt, der etwa drei Meter vor Ihnen auf dem Boden liegt.*

2 *Mit der Ausatmung öffnen Sie die rechte Faust; drehen Sie die Hand und schieben Sie die Handfläche nach vorne. Stellen Sie sich vor, daß Sie ein großes Gewicht von sich wegschieben. Dabei drehen Sie den Körper gleichzeitig nach links. Folgen Sie dabei Ihrem linken Ellbogen mit dem Blick.*

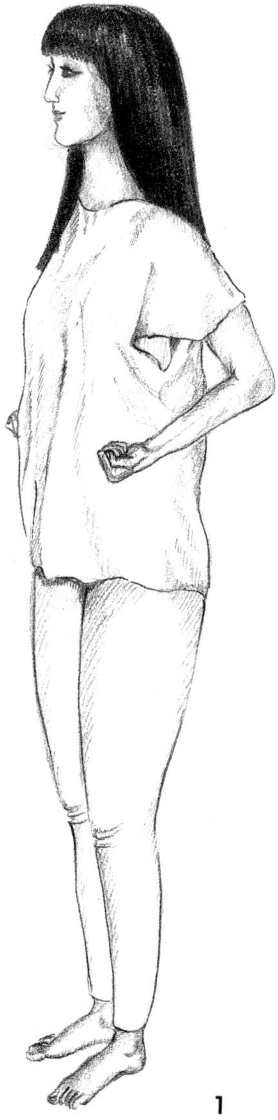

1

Kommen Sie beim Einatmen wieder in die Ausgangsstellung zurück und wiederholen Sie die Übung nach der anderen Seite. Beim Einatmen kehren Sie wiederum zur Ausgangsstellung zurück und wiederholen die Übung zweimal in die eine Richtung und dann zweimal in die andere Richtung.

Achten Sie darauf, daß die Bewegung ruhig, gleichmäßig und in Harmonie mit der Atmung erfolgt. Bei der Drehung sollte sich die Stellung der Beine und der Füße nicht verändern; die Drehung geht von der Schulter und der Wirbelsäule aus.

2

Spielerischer Faustkampf

Die Übung steigert die Entschlußkraft und Energie des unsicheren Menschen; obwohl sie körperlich ausgeführt wird, ist sie in erster Linie eine Übung, die die emotionale Energie erhöht.

1 *Stehen Sie in weit gegrätschter Stellung und sinken Sie möglichst so tief, daß die Oberschenkel mit den Unterschenkeln einen Winkel von etwa 90 Grad bilden. Die Füße sollten mit den ganzen Fußflächen den Boden berühren und fest mit ihm verbunden sein. Ballen Sie die Hände zu Fäusten und führen Sie sie mit den Handflächen nach oben an die Hüften. Bei dieser Bewegung atmen Sie ein.*

2 und **3** *Stoßen Sie nun mit der rechten Faust mit aller Kraft nach vorne und atmen Sie aus. Drehen Sie, kurz bevor der Arm gestreckt ist, die Hand, so daß die Handfläche nach unten zeigt. Die Kraft für den Faust-stoß muß dabei aus dem ganzen Körper kommen, nicht nur aus dem Arm und den Schultern. Stellen Sie sich vor, daß die Energie zu dem Stoß von der Erde ausgeht, durch die Beine in den Körper, weiter in die Arme und schließlich in die Faust strömt. Die Konzentration liegt am Endpunkt der Bewegung vollständig in der Faust.*

Beim Einatmen ziehen Sie die Faust wieder zur Ausgangsstellung zurück und wiederholen Sie dann die Bewegung mit der linken Faust.
Die gesamte Übung wiederholen Sie so oft Sie können, mindestens aber fünfmal.

Achten Sie darauf, daß die Bewegung gleichmäßig erfolgt und darauf, daß Sie den Arm zwar strecken, aber nicht überstrecken. Die Bewegung sollte vollkommen kontrolliert und konzentriert erfolgen. Schleudern Sie den Arm nicht nach vorne; das könnte Schulter- und Ellbogengelenke schädigen!

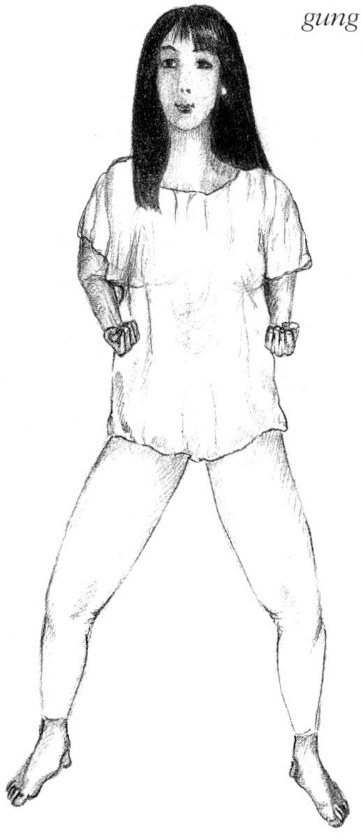

1

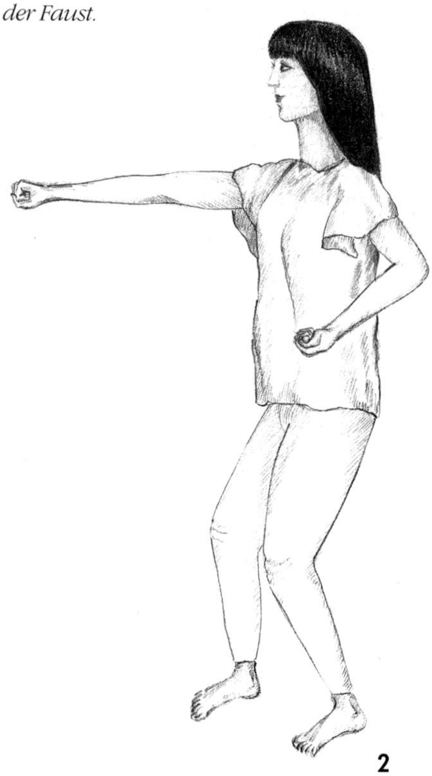

2

3

Meditation für den Unsicheren

Vorbereitung:
Sorgen Sie dafür, daß Sie ungestört sind, und setzen Sie sich entspannt und dennoch aufrecht auf einen Stuhl oder auf den Boden. Legen Sie beengende Kleidungsstücke ab, und lassen Sie Ihren Atem allmählich zur Ruhe kommen. Schließen Sie die Augen, und entspannen Sie Ihren Körper so gut wie möglich.

Stufe I
Stellen Sie sich zunächst vor, daß Sie auf einen hohen Berg steigen. Sie sind ganz allein, und der Weg ist ziemlich steil. Dennoch können Sie ihn ganz entspannt und gelassen gehen. Es ist wichtig, daß Sie Ihre eigene Vorstellung von »Ihrem Berg« entwickeln. Versuchen Sie sich möglichst viele Einzelheiten, wie zum Beispiel die Beschaffenheit des Weges und das Aussehen der Bäume und Felsen in Ihre Phantasie zu rufen. Stellen Sie sich vor, wie Sie nun den Gipfel erreichen und wie Sie sich auf einen Felsen setzen, um auszuruhen. Es ist ein warmer Tag, und eine frische Brise kühlt Ihren erhitzten Körper. Sie blicken in das Tal hinab und lassen sich vertrauensvoll tragen. Sie genießen die Aussicht und die Klarheit auf diesem Berg. Hier spüren Sie, wie die Belastungen des Alltags weit weg sind und wie Sie zunehmend entspannter und gelassener werden...

Stufe II
Verlassen Sie dann allmählich wieder »Ihren Berg« und richten Sie die Konzentration auf Ihre Atmung. Atmen Sie noch entspannt, und ist Ihr Rücken noch gerade? Spüren Sie noch einmal die Verbindung zur Erde und konzentrieren Sie sich dann auf die Kraft der Klarheit: Versuchen Sie so klar und wach wie möglich zu werden; sehen Sie mit dieser Klarheit Ihren Körper, beobachten Sie seine Haltung. Gehen Sie dann zu Ihren Gedanken über, und beobachten Sie ohne Einflußnahme, was für Gedanken und Bilder durch Ihr Denken ziehen. Sehen Sie diese Dinge ganz klar und ruhig...

Stufe III
Wenn Sie in eine tiefe Ruhe gekommen sind, dann gehen Sie dazu über, sich auf Ihre körperliche und emotionale Energie zu konzentrieren: Stellen Sie sich das Zentrum Ihrer Körperenergie als eine hellrote Energiekugel im Bauchbereich vor, und das Zentrum Ihrer Gefühle als eine goldgelbe Energiekugel im Herzbereich. Versuchen Sie möglichst deutlich diese beiden Energiekugeln vor sich zu sehen. Konzentrieren Sie sich zuerst auf Ihren Bauchbereich, und lassen Sie mit jeder Einatmung hellrote Energie in Ihren Bauch strömen. Versuchen Sie dann mit der Ausatmung die Energie im ganzen Bauch zu verteilen und lassen Sie zu, daß diese Energiekugel an Ausdehnung gewinnt. Gehen Sie erst dann zum Herzbereich über, wenn Sie schon das Gefühl haben, daß Ihr Bauch von Wärme und hellrotem Licht durchstrahlt ist. Konzentrieren Sie sich dann auf die Gegend in Ihrer Brustmitte, und lassen Sie mit Hilfe Ihrer Phantasie eine winzige goldgelbe Energiekugel entstehen. Nehmen Sie auch hier wieder Ihre Atmung zu Hilfe, um diese kleine Kugel größer und größer werden zu lassen. Gehen Sie dabei so weit, daß Sie das Gefühl bekommen, daß die goldgelbe Strahlung Ihren ganzen Brustraum ausfüllt. Bevor Sie die Übung beenden, sollten Sie diese Vorstellungen allmählich loslassen und noch einmal ganz bewußt in Ihren Körper hineinspüren, um sich dann durchzustrecken und aufzustehen.

Shiatsu für den Unsicheren

Für den Persönlichkeitstyp, der eine Tendenz zur Unsicherheit hat, möchten wir besonders die Stimulierung der Energie im Nieren-Meridian empfehlen. Der Nieren-Meridian, der etwa in der Mitte der Fußsohlen beginnt, verläuft an der Innenseite der Beine entlang aufwärts, durchfließt Blase und Nieren und verläuft weiterhin über den Nabel bis hinauf zum Brustbein. Energiestörungen in diesem Meridian führen zu Kreislaufschwäche, Appetitlosigkeit, Gewichtsverlust, Durchfall und Antriebslosigkeit. Außerdem können Blockaden in diesem Bereich zu allerlei

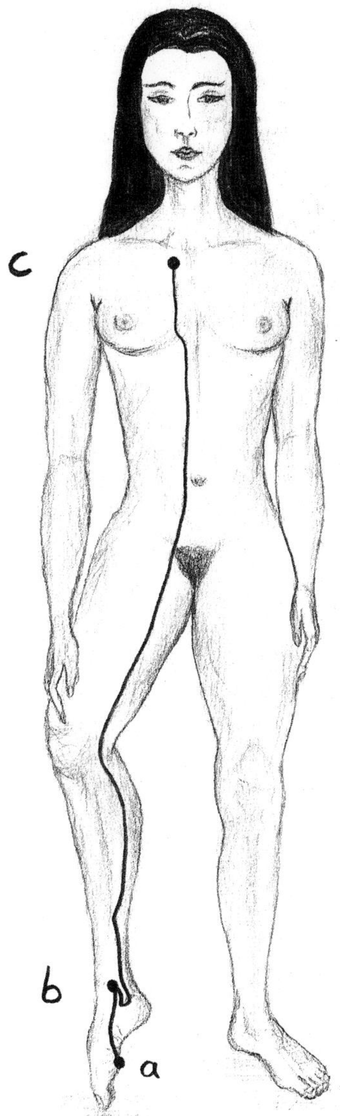

Schmerzzuständen in der Brust, zu Nachlassen des Sehvermögens und zur Unfruchtbarkeit führen.
Die Funktionsfähigkeit der Nieren hängt auch eng mit der Konzentrationsfähigkeit, der Entscheidungskraft und mit der Potenz zusammen.

Der Nieren-Meridian

Für die Selbstmassage sind drei Punkte auf dem Nieren-Meridian von besonderer Bedeutung:

- **a** *in der Mitte der Fußsohle; der Punkt ist leicht zu finden, indem Sie Ihre Zehen mit der Hand nach innen biegen. In der Mitte der vertikalen Linie, die dadurch entsteht, befindet sich der Punkt a;*
- **b** *auf der Innenseite des Beines, zwischen dem Ende des Fußknöchels und der Achillessehne;*
- **c** *direkt unter dem Schlüsselbein, wenige Zentimeter seitlich der Brustmitte.*

Drücken Sie die ersten beiden Punkte mit den Daumen jeweils etwa zehn Sekunden. Achten Sie dabei darauf, den Druck mit der Ausatmung zu kombinieren, langsam zu steigern und mit der Einatmung wieder nachzulassen. Drücken Sie jeden Punkt mindestens dreimal. Den Punkt c, der unterhalb des Schlüsselbeines liegt, können Sie mit Zeige- und Mittelfinger massieren, indem Sie kleine Kreisbewegungen ausführen. Diese Massage sollte auf jeder Seite etwa eine halbe Minute lang dauern. Da der Nieren-Meridian stark mit der sexuellen Energie zusammenhängt, kommt es bei Aktivierung dieses Meridianes zur Besserung sexueller Probleme, die beim unsicheren Persönlichkeitstypen häufig auftreten. Auch Schlafprobleme können mit der Zeit positiv beeinflußt werden.

Der depressive Mensch

Fast jeder Mensch ist ab und zu niedergeschlagen und traurig. Der depressive Mensch neigt jedoch in stärkerem Maße als andere dazu, sich seiner Traurigkeit hinzugeben. Er leidet auch mehr als andere Menschen unter Antriebsarmut; oft ist er müde – manchmal fast wie gelähmt –, und er kann sich zu nichts aufraffen. Die häufigste Aktivität des Depressiven ist das Nachgrübeln über Vergangenes. Die Gegenwart erscheint öde und langweilig, deshalb ist der depressive Mensch nicht nur traurig, sondern auch unzufrieden mit sich und der Welt. Er hat es schwer, sich selbst etwas Schönes oder Angenehmes zuzugestehen, und ist kaum in der Lage, etwas wirklich zu genießen. Dies macht sich auch in seiner Ernährung bemerkbar: Entweder ißt er übermäßig und unkontrolliert, ohne das Essen zu genießen, oder er nimmt fast nichts mehr zu sich.

Die Probleme des Depressiven ergeben sich aus der speziellen Verteilung seiner Kräfte: Während die emotionale Energie beim depressiven Menschen sehr hoch ist, mangelt es ihm an körperlicher Energie, diesen Kräften Ausdruck zu verleihen, und ihm fehlen auch die geistigen Energien, seine Situation realistischer einzuschätzen.

Das besondere Problem des Depressiven ist, daß er in einer Art Teufelskreis gefangen ist. Er ist unzufrieden und wenig aktiv, seine Lage scheint ihm verzweifelt, er fühlt sich einsam. Durch seine geringe Aktivität fällt es ihm auch schwer, mit seinen Mitmenschen in Kontakt zu treten; und so wird er schließlich in der Tat immer einsamer und seine Lage

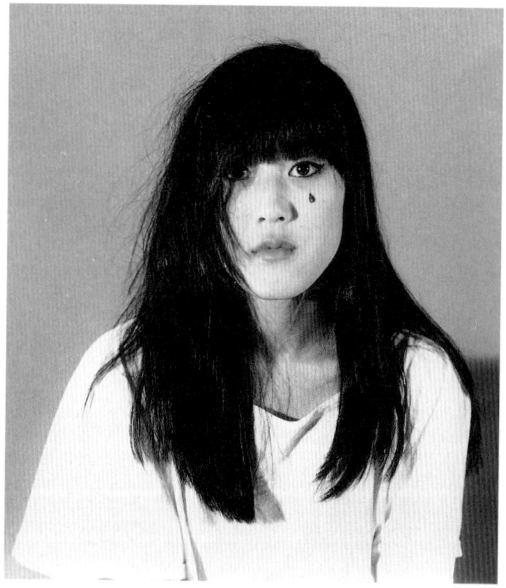

immer trauriger. Sein geringes Aktivitätspotential macht es ihm jedoch recht schwer, aus diesem Teufelskreis auszubrechen, zumal er meist die Zusammenhänge seiner Situation nicht erfaßt.

In manchen Fällen geht das mangelnde Verständnis für die eigene Situation sogar so weit, daß nicht mehr die Trauer, sondern körperliche Krankheiten im Zentrum der Depression stehen; in der Fachsprache heißt dies »larvierte«, also verschleierte oder versteckte Depression. Die zugrundeliegende Trauer bewirkt hier über das Unterbewußtsein psychosomatische Krankheiten. Solche Menschen gehen oft jahrelang von Arzt zu Arzt, ohne daß dieser ihnen helfen könnte, da das Problem kein medizinisches, sondern ein psychologisches ist. Für den Depressiven ist es sehr wichtig, daß er Anregung von jemandem erfährt, da er selbst oft weder in der Lage ist, seine eigene Situation zu erkennen, noch etwas dagegen zu tun.

Wenn es der Depressive jedoch schließlich lernt, sein Grübeln und seine Trägheit in den Griff zu bekommen, wird er langsam aber sicher aus seinem Trauertal aufsteigen und dann in der Lage sein, die schönen Dinge des Lebens besser zu genießen als andere, da er ja das Gegenteil schon aus seiner Erfahrung kennt.

Für den depressiven Menschen ist es wichtig, nach den Auslösern für seine Trauer zu suchen; sehr oft können diese Auslöser wichtige Hinweise auf unbewältigte unbewußte Probleme geben.

Um seiner Depression zu entkommen, benötigt der Depressive vor allem erst einmal mehr Vitalität. Oft haben Menschen, die voll Trauer und Verzweiflung waren, erfahren, daß sie allein durch intensive körperliche Bewegung ihre Depressivität verloren. Bei der Bewegung sollte der depressive Mensch noch mehr als andere ganz genau auf seine körperlichen Vorgänge achten, denn das fördert einerseits die körperliche Aktivität, andererseits aber auch die geistige Wachheit und Bewußtheit; außerdem lenkt die Konzentration auf das Körperliche von der übermäßigen Gefühlszentrierung ab.

Depression ist aber auch, so hart das klingen mag, eine Art des Egoismus. Nur sehr selten wird eine tiefe Depression durch aufrichtiges Mitgefühl mit anderen Menschen entstehen; meist ist die eigene Lage der Auslöser. Das ist zwar auf keinen Fall zu verurteilen, aber beim depressiven Menschen ist die Konzentration auf sich selbst so extrem, daß er seine Mitmenschen kaum noch wahrnimmt. Deshalb bringt es oft auch einen großen Fortschritt, wenn man versucht, ganz bewußt an andere zu denken. Entspannende Meditationsübungen können dabei eine große Hilfe sein.

Der Depressive

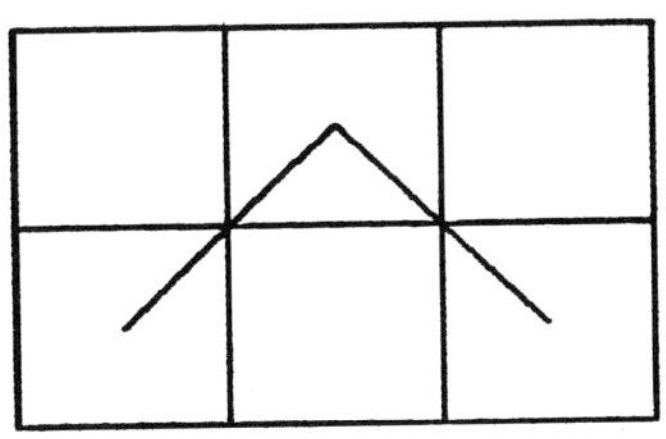

Rückenrollen

Diese Übung regt den Kreislauf an und hilft dabei, psychische Belastungen abzubauen.

Bei dieser Übung ist es besonders wichtig, auf einer weichen Unterlage, wie beispielsweise einer Decke oder einem dicken Teppich zu üben. Außerdem ist darauf zu achten, daß Sie hinter dem Kopf noch genügend Platz haben, damit Sie bei der Rollbewegung nach hinten keinen größeren Schaden anrichten.

1 *Setzen Sie sich auf den Boden und winkeln Sie die Beine etwas an; verschränken Sie nun Ihre Hände unter den Kniekehlen, heben Sie die Füße einige Zentimeter vom Boden ab und versuchen Sie das Gleichgewicht in dieser Haltung zu bewahren.*
Drücken Sie dann Ihr Kinn ein wenig zur Brust und machen Sie den Rücken so rund wie möglich.

2 *Nehmen Sie nun etwas Schwung, indem Sie mit dem Oberkörper ein wenig nach vorne schaukeln, und lassen Sie sich dann mit rundem Rücken nach hinten rollen. Rollen Sie so weit, daß nur noch der obere Rücken in Kontakt zum Boden bleibt und rollen Sie dann wieder in die Ausgangsstellung zurück.*

Wichtig ist bei dieser Übung, daß das Kinn zur Brust gedrückt und der Rücken rund gemacht wird.

1

2

Anfangs gelingt die Übung leichter, wenn Sie mit Schwung arbeiten; mit der Zeit sollten Sie jedoch dazu übergehen, die Bewegung so langsam auszuführen, daß Sie spüren, wie Sie Wirbel für Wirbel am Boden abrollen. Diese »Zeitlupenvariation« bedarf allerdings zumeist einiger Übung. Wiederholen Sie die Rollbewegung mindestens zehnmal, und steigern Sie, soweit es Ihnen angenehm ist.

Sollten Sie größere Schwierigkeiten mit Wirbelerkrankungen oder andere Rückenprobleme haben, müssen Sie vorsichtig sein. Achten Sie bitte darauf, möglichst weich zu rollen; oft hilft die Vorstellung, sich wie ein großer, runder Ball zu fühlen. Die Atmung sollte während der ganzen Bewegung frei fließen.

Die Kranich-Übung

Die Übung stärkt den Kreislauf und alle inneren Organe; dadurch hebt Sie die mangelnde vitale Energie des Depressiven auf ein günstigeres Niveau an. Sie wirkt aber auch auf geistiger Ebene, da sie Wachheit und Konzentrationsfähigkeit fördert.

1 *Stehen Sie locker und entspannt; die Hände lassen Sie locker herabhängen. Versuchen Sie sich einige Atemzüge lang so weit es geht zu entspannen.*
Mit dem Ausatmen machen Sie mit dem linken Bein einen Schritt nach vorn und folgen dann einen halben Schritt mit dem rechten Bein. Währenddessen heben Sie die Arme – die Handflächen weisen dabei zueinander – vor dem Körper. Ohne den Fluß der Bewegung zu unterbrechen, atmen Sie nun ein und führen dabei die Arme zur Seite. Das Gewicht liegt jetzt ganz auf dem linken Bein, und die rechte Ferse ist vom Boden abgehoben.

2 *Atmen Sie nun aus und machen Sie mit dem rechten Bein einen weiteren halben Schritt vorwärts, so daß beide Füße wieder nebeneinander stehen.*
Führen Sie die Arme diagonal vor dem Körper nach unten und gehen Sie dabei so tief es Ihnen möglich ist in die Hocke.

3 *Beim Einatmen erheben Sie sich wieder, führen die Arme zunächst nach vorn, dann zur Seite und stellen Sie den rechten Fuß einen ganzen Schritt nach vorn, ohne jedoch die Ferse auf den Boden zu setzen.*
Führen Sie nun die gesamte Bewegung in umgekehrter Reihenfolge durch, bis sie wieder in völlig entspannter Haltung und mit locker herabhängenden Armen in der Ausgangsstellung stehen.
Wiederholen Sie nach einigen Sekunden dann den gesamten Bewegungsablauf mit dem rechten Bein beginnend.

2

3

1

Der Lungenton

Der Klang, der in dieser Übung eingesetzt wird, wirkt auf den Lungen-Meridian und somit auf die Funktion der Lunge, also auch auf die Sauerstoffaufnahme. Der Sättigungsgrad des Blutes mit Sauerstoff beeinflußt die Funktion des gesamten Körpers, wirkt aber auch stark auf die geistigen Abläufe. Wenn wir zu wenig Sauerstoff aufnehmen können, werden wir müde, unkonzentriert und deprimiert. Im Gegensatz zu reinen Atemübungen wird hier die Grundlage für die ausreichende Versorgung des Körpers mit Sauerstoff gelegt.

1 *Stellen Sie sich locker hin, die Beine leicht gegrätscht. Beim Einatmen heben Sie die Hände vor den Körper; die Handflächen zeigen dabei nach oben, die Arme sind angewinkelt.*

2 *Wenden Sie nun die Handflächen langsam nach unten. Die Zeigefinger sind gestreckt, die Daumen sind zu den Zeigefingern gebogen, die anderen Finger sind gebeugt und berühren sanft die Handinnenfläche.*

3 *Strömen Sie nun mit dem Ausatmen den Laut »SEH« aus und führen Sie die Hände, mit den Handflächen nach außen, langsam zu den Seiten.*

Wenn die Ausatmung beendet ist, senken Sie beim Einatmen Ihre Hände langsam seitlich bis auf die Oberschenkel. Warten Sie einige Atemzüge und entspannen Sie sich, bevor Sie die Übung wiederholen – insgesamt sechsmal.

Den Laut »SEH« bilden Sie, indem Sie einem an den Zähnen gebildeten »s« – als wenn Sie lispeln würden – einen Laut folgen lassen, der zwischen einem langen »e« und einem deutschen »ä« liegt. Lassen Sie diesen Laut ganz locker und unverkrampft ausströmen; das ist von großer Wichtigkeit für den Erfolg der Übung.

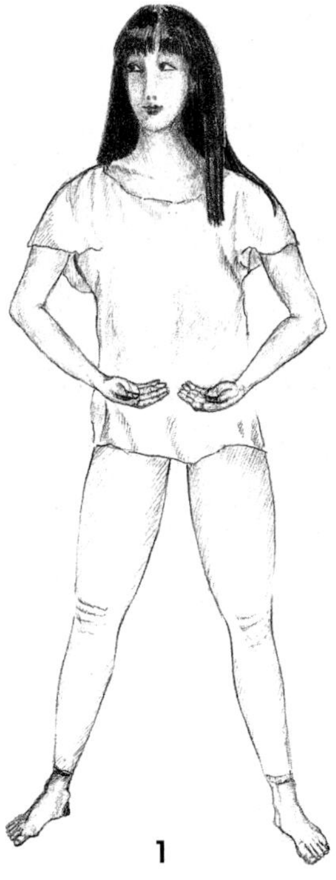

1

2

3

Das Diamantene Siegel

Das Diamantene Siegel regt den Kreislauf und den Energiefluß in den Meridianen an, und so erhöht die Übung die vitalen Kräfte. Außerdem steigert sie das Selbstvertrauen, die Entschlossenheit und die Willenskraft.

1 *Für die folgende Übung ist es wichtig, zunächst ganz gerade auf dem Boden zu sitzen. Strecken Sie die Beine nach vorn aus und strecken Sie auch die Zehen ein wenig nach vorn. Die Arme sind gestreckt, und die Hände berühren den Boden neben dem Gesäß, die Fingerspitzen zeigen dabei nach vorn, die Finger sind geschlossen.*

Atmen Sie in dieser Stellung einige Male tief durch. Atmen Sie dann noch einmal ein, jedoch nicht zu tief – es genügt, wenn die Lungen zu zwei Dritteln gefüllt werden, und halten Sie den Atem an.

2 *Heben Sie dann die gestreckten Beine einige Zentimeter vom Boden weg, bringen Sie das Kinn in Richtung Brust und spannen Sie die Muskulatur des Halses, das Gesäß und den Schließmuskel an. Halten Sie diese Spannung bei angehaltenem Atem etwa fünf Sekunden, atmen Sie durch den Mund aus, entspannen Sie die Muskeln und lassen Sie die Beine wieder auf den Boden sinken, so daß Sie wieder in der Ausgangsposition sitzen.*

Nach Beendigung der Übung sollten Sie sich unbedingt noch einmal auf den Rücken legen, sich entspannen und der Wirkung nachspüren.

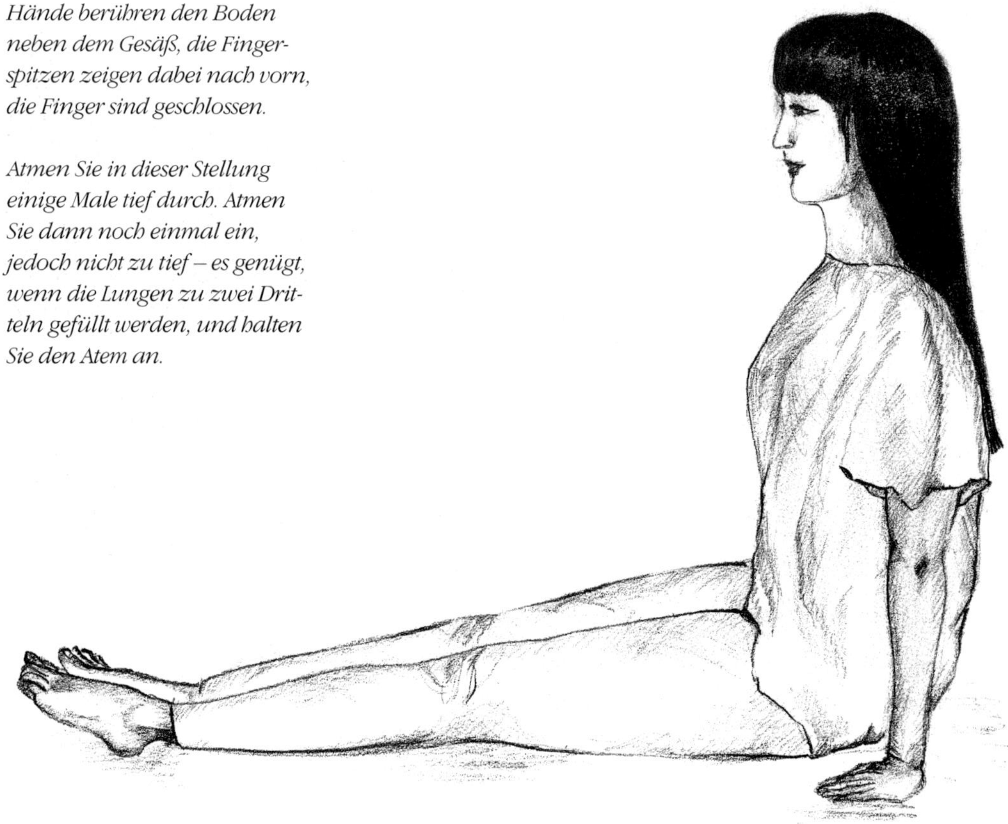

1

2

Diese Übung hat eine sehr starke, aktivierende Wirkung auf die körperlichen und geistigen Energien, und sie sollte somit anfangs nicht öfter als zweimal ausgeführt werden. Allmählich können Sie dann bis zu vier Wiederholungen machen und die Anspannungsphase mit angehaltener Luft auf bis zu zehn Sekunden steigern. Übertreiben Sie aber nicht und steigern Sie nur sehr langsam.

Meditation für den Depressiven

Vorbereitung:
Lockern Sie Ihren Körper und strecken Sie sich durch. Setzen Sie sich dann auf einen Stuhl oder auf den Boden und nehmen Sie eine Haltung ein, die zuläßt, daß Sie gerade und dennoch locker sitzen. Schließen Sie die Augen und lassen Sie Ihren Atem ruhig und tief werden. Vergessen Sie alles, was gewesen ist und denken Sie auch nicht an das, was noch kommen wird oder was sein könnte.

Stufe I
Stellen Sie sich vor, daß Sie auf einem Rasen liegen und in den Himmel hinaufsehen. Der Himmel ist hellblau, und es ist ein warmer, sonniger Tag. Sie beobachten die Wolken. Da sind kleine, weiße Wölkchen, und im Hintergrund ziehen riesige, etwas dunklere Wolken heran. Sie liegen ganz entspannt, lassen sich tragen und beobachten nur den Himmel mit seinen Wolkenbildern. Je genauer und detaillierter Sie sich dieses Bild vorstellen können, desto besser ist es. Es weht ein leichter Wind, und die kleinen Wölkchen bewegen sich sehr schnell. Einige Schwalben ziehen am Himmel vorbei, Sie sind ganz allein unter diesem Himmel. Sie spüren, wie Sie zunehmend entspannter und gelassener werden und wie die Weite des Himmels Sie mit Heiterkeit und Freude erfüllt...

Stufe II
Gehen Sie dann allmählich von dieser kleinen »Phantasiereise« weg, und richten Sie die Achtsamkeit auf Ihren Körper und auf Ihren Atem. Ist der Atem ruhig und entspannt, oder atmen Sie eher schnell und flach? Ist Ihr Rücken so gerade, daß Sie noch ganz wach sitzen können? Konzentrieren Sie sich nun auf die Kraft des Lichtes. Denken Sie mit jeder Einatmung: »ICH BIN« und mit jeder Ausatmung »LICHT«. Wiederholen Sie geduldig diese Worte, beharrlich, aber ohne sich anzuspannen. Erleben Sie die Kraft des Lichtes zuerst in Ihrem Körper und lassen Sie das Licht durch alle Zellen Ihres Körpers strahlen. Wiederholen Sie den Satz »ICH BIN – LICHT« immer weiter, aber konzentrieren Sie sich dann auf Ihre Gefühle. Lassen Sie die Gefühle von Licht erfüllt sein und lassen Sie zuletzt auch noch Ihre Gedanken von diesem Licht durchströmt sein...

Stufe III
Lassen Sie dieses Licht dann die Form einer kleinen, hellvioletten Lichtkugel annehmen, die in Ihrem Kopf erstrahlt. Spüren Sie möglichst genau dieses helle Licht, das allmählich Ihren ganzen Kopfraum ausfüllt, und das alle Dunkelheit vertreibt. Ziehen Sie dieses Licht dann mit Hilfe der Einatmung gedanklich in Ihren Bauch hinunter. Spüren Sie, wie es mit jedem Einatmen an der Wirbelsäule entlang nach unten gezogen wird und wie es sich auf dem Weg zu Ihrem Bauchraum in ein dunkles Rot verwandelt. Füllen Sie die Gegend hinter Ihrem Bauchnabel mit diesem dunkelroten Licht so lange an, bis Sie den Eindruck haben, daß Ihr ganzer Unterkörper von dunkelrotem Licht erfüllt und durchstrahlt ist. Lassen Sie diese Vorstellung nun langsam los und spüren Sie noch einmal das Gewicht Ihres Körpers und den Kontakt zum Boden. Vertiefen Sie dann willentlich die Atmung und beenden Sie die Übung.

Shiatsu für den Depressiven

Für die Harmonisierung des Depressiven ist die Massage des Milz-Meridianes von besonderer Wichtigkeit. Der Milz-Meridian beginnt an der Außenseite des großen Zehs. Er verläuft über die Innenseite der Beine nach oben und mündet im zweiten Zwischenrippenraum, von wo aus er im Körper zum Herzen weiterfließt.
Kommt es zu energetischen Störungen im Milz-Meridian, kann dies eine Reihe von gesundheitlichen Problemen nach sich ziehen. So äußert sich ein geschwächter Milz-Meridian in Menstruationsschmerzen, Verdauungsproblemen, Schmerzen im Fußgelenk, Schlaflosigkeit, Gelbsucht, Juckreiz, Neurodermitis oder Nesselfieber.

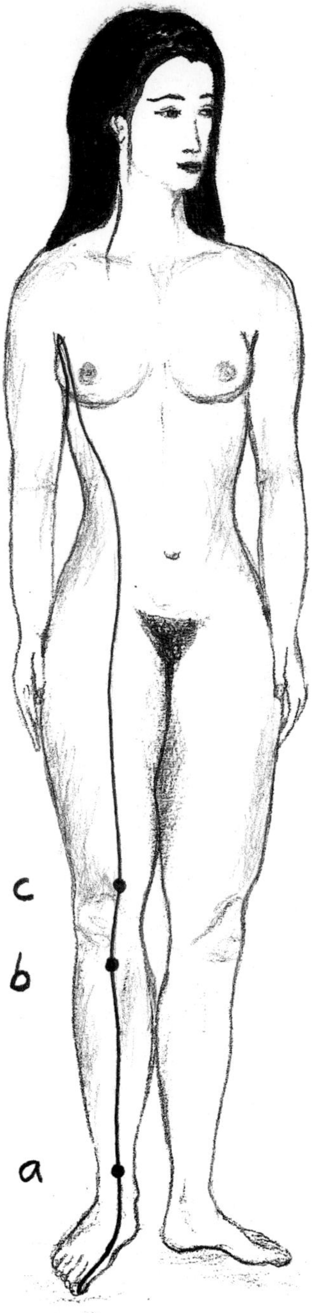

Der Milz-Meridian

Für die Praxis ist die Massage dreier Punkte wesentlich:

a *an der Innenseite des Beines, oberhalb des Fußknöchels. Sie finden den Punkt, wenn Sie Ihr linkes Bein mit Ihrer geschlossenen rechten Hand (und umgekehrt) so umschließen, daß der kleine Finger direkt am Fußknöchel liegt. Der Punkt befindet sich dann direkt oberhalb des Zeigefingers und zwar hinter dem Schienbein.*

b *auf der Innenseite des Unterschenkels, oben auf dem Schienbein;*

c *an der Innenseite des Oberschenkels. Sie finden den Punkt, indem Sie Ihr Bein ausstrecken und die Muskeln anspannen. Auf der höchsten Stelle des inneren Oberschenkelmuskels, etwas seitlich und oberhalb des Knies, befindet sich Punkt c.*

Drücken Sie auf beiden Körperseiten jeweils die drei Punkte mit dem Daumen etwa acht bis zehn Sekunden lang. Sie können diese Punkte sehr stark drücken, sollten mit dem Druck aber langsam beginnen. Kombinieren Sie den Druck mit der Atmung, indem Sie mit der Ausatmung zu drücken beginnen und mit der Einatmung den Druck wieder allmählich lösen. Es genügt im allgemeinen, wenn Sie diese Selbstmassage einmal täglich ausführen. Die Stimulierung des Milz-Meridians wird sich mit der Zeit auf Gemütsschwankungen sowie auf verschiedene depressive Zustände harmonisierend auswirken.

Der gehemmte Mensch

Viele Menschen sind in bestimmten Situationen gehemmt und spüren, daß sie die Lage nicht im Griff haben, daß sie nicht genau wissen, wie sie reagieren sollen oder müssen. Beim gehemmten Menschen stellt dieses Gefühl eher die Regel als die Ausnahme dar. Die Schwäche des Gehemmten ist seine Emotionalität; er besitzt zu wenig emotionale Energie. Das muß nicht bedeuten, daß er keine Gefühle hätte oder gefühlskalt wäre. Es fällt ihm jedoch schwer, emotional bestimmte Situationen zu verstehen, aber auch, seine eigenen Gefühle in angemessener Weise auszudrücken. Das führt dazu, daß er manchmal etwas taktlos wirkt, weil er sich nicht genügend in seine Mitmenschen hineinversetzen kann. Er spürt meist durchaus, daß er die emotionale Situation nicht ganz erfaßt und wirkt deshalb in Gesellschaft oft verklemmt. Beim Zusammensein mit engen Freunden tritt seine Hemmung allerdings kaum auf.

Im Gegensatz zu den emotionalen Energien sind seine vitalen und geistigen Energien durchaus gut entwickelt. Der Gehemmte ist also körperlich und geistig in guter Form, er kann, objektiv gesehen, gut mit anderen Menschen mithalten. Seine Unsicherheit im emotionalen Bereich überlagert jedoch manchmal seine positiven Seiten. Daher wirkt er oft wie eine »graue Maus«, auch wenn er eigentlich eine sehr aktive und starke Persönlichkeit ist.

Das Hauptproblem des gehemmten Menschen ist seine Schwierigkeit, Kontakte zu knüpfen. Zwar gelingt es manchen Menschen, die zu diesem Typ zählen, ihre Hemmungen zu überspielen, oder sie mit einer starken Willensanstrengung zu überwinden. Dennoch werden sie sich dabei stets unwohl fühlen und den belastenden Situationen soweit es geht entfliehen.

Das bedeutet aber, daß der gehemmte Mensch, auch wenn es ihm gelingt, seine Tendenz zu unterdrücken, dennoch stets hinter seinen Möglichkeiten zurückbleibt – wenn er nicht versucht, wirkliche Harmonie in sich herzustellen.

Meist leidet er ganz besonders in zwei Lebensphasen, nämlich während der Pubertät und im Alter. Besonders im Alter führt die Gehemmtheit oft zur Einsamkeit. Ein gehemmter Mensch wird im Alter oft zum exzentrischen Eigenbrötler, der keine Hoffnung mehr für sich sieht, mit anderen Menschen in Kontakt zu kommen; dabei merkt er manchmal überhaupt nicht, daß sein eigenes Verhalten die Probleme hervorruft. Nicht selten entwickelt sich in der Folge eine Altersdepression.

Da der gehemmte Mensch ein hohes körperliches und geistiges Potential besitzt, hat er die besten Voraussetzungen dafür, daß die Arbeit an sich selbst von Erfolg gekrönt wird. Er ist – und das ist wohl immer von großer Wichtigkeit für eine Besserung – sich seiner Problematik bewußt.

Im Alltag sollte der gehemmte Mensch zunächst besonders darauf achten, daß er es lernt, sich zu entspannen. Der Abbau von Anspannung in emotional bestimmten Situationen bildet die Grundlage für das genauere Verständnis dieser Situation. Gerade der gehemmte Mensch wird auch sehr davon profitieren, wenn er seine Kreativität trainiert und weiterentwickelt, sei es durch Malen, Musizieren oder andere Aktivitäten. Dann werden die Übungen, die wir den Gehemmten anbieten, ihre volle Wirkung entfalten können.

Der Gehemmte

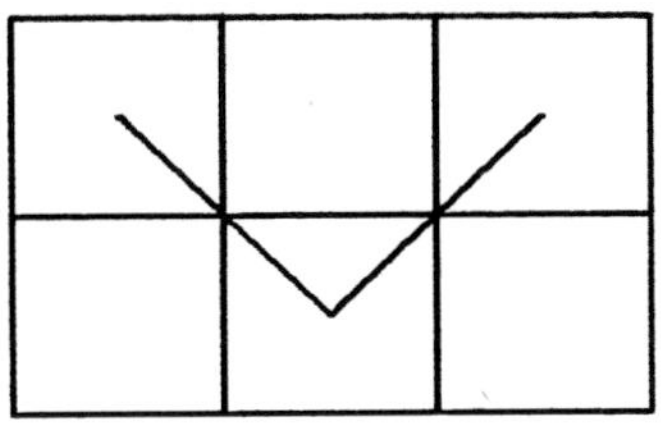

Die gestreckte Waage

Diese Übung erhöht das innere und äußere Gleichgewicht und die Standfestigkeit; außerdem trägt sie dazu bei, die emotionalen Energien zu stärken und zu stabilisieren.

1 *Stehen Sie zunächst entspannt, mit aufrechter Wirbelsäule und gelösten Schultern und Armen. Die Füße sollten etwa schulterbreit voneinander entfernt sein, und die Fußspitzen sollten nach vorn zeigen. Lassen Sie Ihre Atmung in dieser Haltung zur Ruhe kommen. Verlagern Sie dann das Körpergewicht auf das rechte Bein. Heben Sie den linken Fuß nach hinten in Richtung Gesäß und umfassen Sie ihn mit der linken Hand. Bleiben Sie zunächst einige Sekunden in dieser Zwischenstellung stehen, und versuchen Sie gut ins Gleichgewicht zu kommen.*

2 *Strecken Sie dann sehr langsam den rechten Arm nach vorn und oben und ziehen Sie gleichzeitig den linken Fuß mit der linken Hand etwas höher nach hinten. Versuchen Sie in dieser Haltung zu balancieren und möglichst ruhig zu stehen, was anfangs nicht ganz einfach ist, mit der Zeit aber zunehmend leichter fällt.*

Idealerweise ist sowohl der nach vorn zeigende Arm gestreckt wie auch das Bein, das am Boden bleibt. Das nach hinten zeigende Bein darf ruhig in einer gewissen Spannung sein, allerdings sollte der Atem noch frei fließen können.
Kommen Sie aus der Stellung heraus, indem Sie zunächst wieder den vorderen Arm sinken lassen, das linke Bein wieder loslassen und dann zur stehenden Ausgangsstellung zurückkehren, um sich kurz zu entspannen und nötigenfalls zu lockern.
Es genügt, die Übung auf jeder Seite einmal auszuführen, allerdings wäre es sinnvoll, mindestens 30 Sekunden in der Endhaltung zu verweilen und im Laufe der Zeit auf etwa zwei Minuten zu steigern.

1

2

Die HA-Atmung

Diese Übung regt den Kreislauf an, sie wirkt blutreinigend und hilft gegen Müdigkeit. Auf psychischer Ebene bewirkt sie eine Immunisierung gegen Fremdeinflüsse und beseitigt Hemmungen und negative Gefühle.

1 *Stehen Sie mit gerader Wirbelsäule und weit gegrätschten Beinen. Die Zehen können etwas nach außen zeigen, die Arme hängen locker neben dem Körper. Drehen Sie dann die Handflächen nach vorn.*

2 *Mit einer tiefen Einatmung durch die Nase werden die gestreckten Arme nun langsam seitlich nach oben geführt, bis sich die Hände über dem Kopf berühren. Verweilen Sie kurz in dieser Stellung.*

3 *Schwingen Sie dann mit Ihrem Oberkörper nach unten zwischen die Beine, wobei Sie gleichzeitig mit einer tiefen Ausatmung durch den Mund ein lautes »HA« ausrufen.*
Lassen Sie Ihren Oberkörper richtig aushängen und die Arme noch nachpendeln, während Sie entspannt weiteratmen.

Heben Sie dann langsam, Wirbel für Wirbel, Ihren Oberkörper wieder auf und wiederholen Sie die Übung noch zweimal.

Achten Sie bitte darauf, während der mit dem Laut »HA« ausgeführten Ausatmung alle Sorgen und Belastungen, sowie negative Gefühle abzugeben. Je lauter beziehungsweise kraftvoller Sie das »HA« ausrufen, desto besser ist die Wirkung. Wichtig ist, während der Aufwärtsbewegung der Arme tief einzuatmen und das »HA« mit einer schnellen, schwungvollen Bewegung der Arme und des Oberkörpers nach unten zu kombinieren.

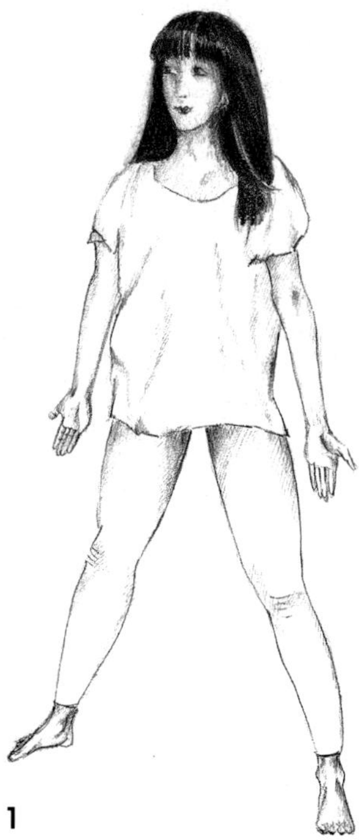

1

2

3

Die Flügel ausbreiten

Die Übung wirkt harmonisierend auf die Atmung, entspannt und hebt das allgemeine Energieniveau.

Stehen Sie mit geschlossenen Beinen, die Zehen zeigen leicht nach außen, die Hände hängen locker seitlich am Körper herab. Der Blick ist entspannt nach vorn auf einen Punkt am Boden, etwa drei Meter entfernt, gerichtet.
Atmen Sie einige Male ruhig und tief durch.

1 *Mit einer Einatmung verlagern Sie Ihr Gleichgewicht ganz auf das rechte Bein. Heben Sie nun das linke Knie nach vorn und oben, wobei der linke Fuß entspannt nach unten hängt. Gleichzeitig heben Sie die Arme seitlich bis in die Höhe der Schultern. Während des Hebens der Arme weisen die Handflächen nach oben; wenn die Arme in Schulterhöhe angelangt sind, drehen Sie Ihre Handflächen nach unten. Bleiben Sie drei Atemzüge lang in dieser Stellung.*

2 *Beim Ausatmen senken Sie die Arme vor dem Körper, bis sie sich vor dem Bauch kreuzen, und legen die Hände auf die Oberschenkel. Zur gleichen Zeit setzen Sie auch den linken Fuß auf den Boden zurück und verteilen Ihr Gewicht wieder gleichmäßig auf beide Beine. Schließen Sie die Augen und atmen Sie dreimal tief durch.*

3 *Öffnen Sie die Augen und verlagern Sie Ihr Gewicht nun auf das linke Bein. Heben Sie das rechte Knie nach vorne und die Arme seitlich, wobei die Handflächen wieder zunächst nach oben weisen und dann erst nach unten gedreht werden. Es folgen wieder drei Atemzüge. Kehren Sie zur Zwischenstellung zurück und wiederholen Sie die Übung einige Male.*

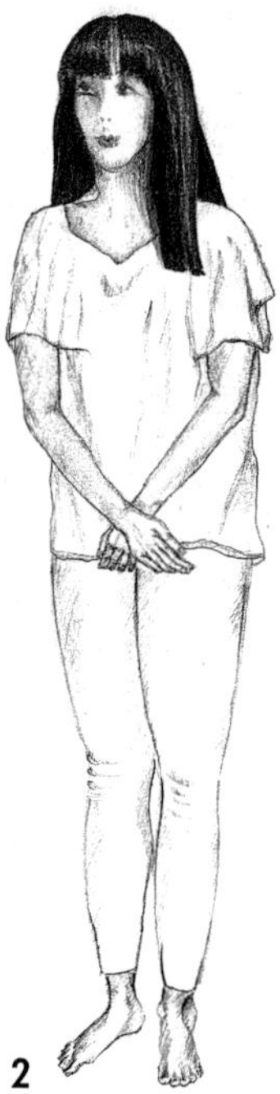

2

3

1

Die Himmelskraft konzentrieren

Die Übung stärkt die Arme und die Handgelenke. Sie harmonisiert aber auch die Atmung und stimuliert einige Meridiane, die in den Armen verlaufen; diese Stimulation kann besonders für die Probleme des gehemmten Menschen sehr hilfreich sein.

Stellen Sie Ihre Beine schulterbreit auseinander; die Füße liegen fest auf dem Boden auf. Ballen Sie die Hände zu lockeren Fäusten. Führen Sie die Fäuste seitlich an die Hüften, so daß die Handflächen nach oben weisen, und atmen Sie aus.

1 *Öffnen Sie nun die Fäuste und strecken Sie die Arme mit dem Einatmen senkrecht über den Kopf; die Hände bleiben dabei nah am Körper. Die Handflächen weisen zueinander, und der Blick ist nach oben gerichtet.*

2 *Schließen Sie die Hände wieder zu Fäusten und ziehen Sie beim Ausatmen die Fäuste wieder an die Hüften zurück. Wiederholen Sie den Ablauf bis hierhin einige Male.*

3 *Atmen Sie ein, senken Sie die Arme und drehen Sie Ihre Hände so, daß die Handflächen nach vorne zeigen. Bewegen Sie sie nun seitlich bis über den Kopf; dabei drehen sich die Handflächen allmählich zueinander. Der Blick folgt der Bewegung nach oben.*

4 *Schließen Sie dort die Hände wieder zu Fäusten.*

5 *Ziehen Sie mit der Ausatmung die geschlossenen Fäuste nach unten, so daß schließlich die Handrücken zueinander stehen. Mit den Fäusten senken Sie auch den Blick wieder. Mit der Einatmung heben Sie schließlich die Fäuste wieder an die Hüfte. Von dort aus können Sie die Übung wiederholen, oder nach einigen Atemzügen die Hände öffnen, sinken lassen und die Übung beenden.*

1 2 3 5

4

Meditation für den Gehemmten

Vorbereitung:
Setzen Sie sich mit aufrechter Wirbelsäule entspannt auf einen Stuhl oder auf den Boden. Lassen Sie Ihre Schultern und Ihren Kiefer ganz locker und entspannen Sie alle kleinen Muskeln des Gesichtes. Schließen Sie die Augen und lassen Sie Ihren Atem möglichst entspannt kommen und gehen, ohne ihn willentlich zu verändern. Spüren Sie dann bewußt den Kontakt Ihres Körpers mit der Sitzunterlage.

Stufe I
Beginnen Sie mit der Imaginationsübung, indem Sie sich vor Ihrem inneren Auge einen See vorstellen. Stellen Sie sich sich selbst am Ufer dieses Sees vor. Sie sitzen auf einem Baumstumpf und betrachten den See. Sie sind ganz allein. Die Sonne spiegelt sich auf der großen, dunkelblauen Wasserfläche wider und glitzert in den kleinen Wellen. Versuchen Sie Ihren ganz eigenen See innerlich auftauchen zu lassen und stellen Sie sich möglichst viele Einzelheiten vor. Schauen Sie auf das Schilf und beobachten Sie die Schwäne, die in der Ferne, auf der anderen Seite des Sees schwimmen. Versuchen Sie auch, sich den Geruch und die Geräusche des Wassers vorzustellen und entspannen Sie sich dabei immer weiter …

Stufe II
Lassen Sie dann langsam diese Vorstellung los und konzentrieren Sie sich wieder ganz auf das Hier und Jetzt. Spüren Sie die Muskeln Ihres Körpers, Ihren Rücken und den Kontakt zur Sitzunterlage. Kontrollieren Sie, ob der Atem noch ruhig fließt. Konzentrieren Sie sich nun ganz auf die Kraft der Freiheit. Geben Sie Ihrem Atem alle Freiheit, zu der Sie fähig sind und konzentrieren Sie Ihre Gedanken auf »FREIHEIT«. Sie können die Konzentration erhöhen, indem Sie mit Hilfe der Atmung das Wort »FREIHEIT« pendeln. Denken Sie dazu bei jeder Einatmung »FREI-« und bei jeder Ausatmung »HEIT«. Denken Sie zuerst nur dieses Wort und versuchen Sie dann allmählich auch, das Gefühl von Freiheit in Ihrem Herzen entstehen zu lassen …

Stufe III
Konzentrieren Sie sich dann anschließend auf den Punkt in der Mitte Ihrer Brust. Stellen Sie sich vor, wie Sie in der Mitte Ihres Brustraumes ein kleines, goldenes Energiekügelchen entstehen lassen. Nehmen Sie mit der Einatmung Energie in Ihrem Herzen auf und versuchen Sie zu spüren, wie diese goldene Energiekugel wächst. Lassen Sie dieses goldene Licht so groß werden, daß es Ihren gesamten Herzbereich ausfüllt, und strahlen Sie dieses Licht aus, hinein in den Raum und schließlich darüber hinaus. Lösen Sie sich dann ganz langsam von dieser Vorstellung und kommen Sie wieder in Ihren Körper zurück. Spüren Sie Ihren Rücken und Ihre Schultern, bewegen Sie ein wenig die Zehen und die Hände, und öffnen Sie wieder die Augen, um die Übung zu beenden.

Shiatsu für den Gehemmten

Dem gehemmten Persönlichkeitstyp empfehlen wir für seinen Ausgleich insbesondere die Anregung des Lungen-Meridianes. Dieser Meridian beginnt im Unterhautzellgewebe des Schulterbereiches und läuft an der Innenseite der Arme entlang bis in die Fingerkuppe des Daumens. Störungen im Lungen-Meridian führen oft zu Erkältungen, Husten, Asthma, sowie zu Fieber, Kopfschmerzen, Halsentzündungen, Lungenentzündungen und Schmerzen in den Armen.

Der Lungen-Meridian

Vier Punkte des Lungen-Meridianes sind für die Selbstmassage besonders bedeutsam:

a *an der Vorderseite der Schultern, jeweils wenige Zentimeter unterhalb der Mitte des Schlüsselbeins, zwischen der ersten und zweiten Rippe;*

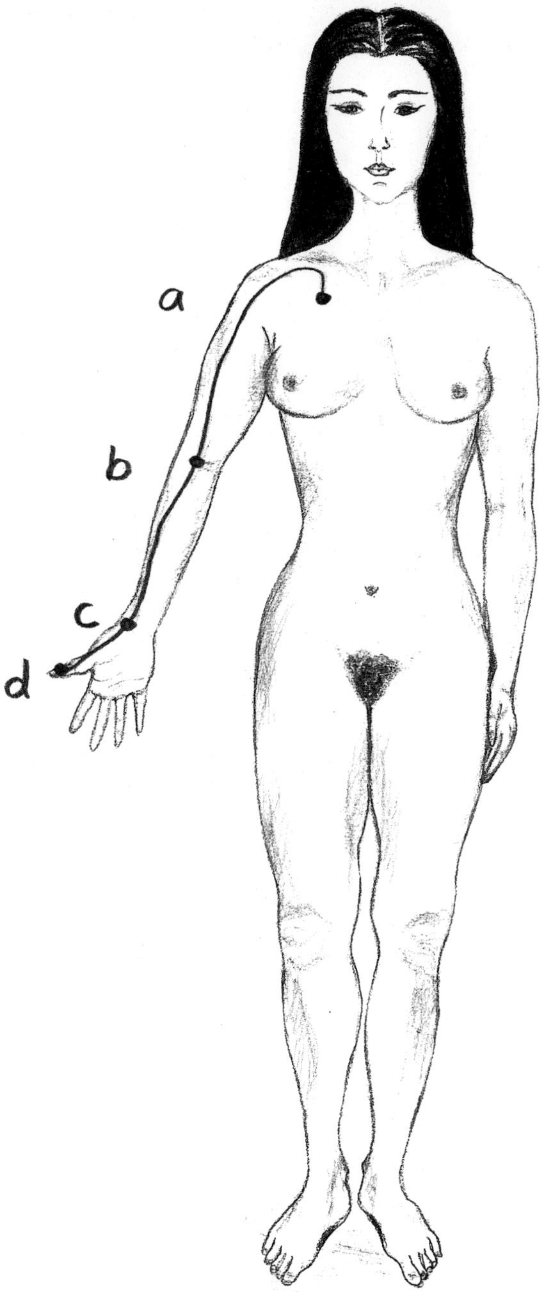

b *in der Ellbogenbeuge; sie finden den Punkt an der Außenseite der Sehne, die hervortritt, wenn Sie eine Faust machen und den Arm beugen;*

c *an der Daumenseite des Handgelenks; wenn Sie die Hand nach innen beugen, entstehen im Handgelenk einige Falten. In der Kerbe der ersten Hautfalte befindet sich der Punkt;*

d *an der Daumenkuppe, auf der äußeren Seite des Daumens; wenige Millimeter vom Daumennagel entfernt.*

Drücken Sie alle genannten Punkte mit Ihrem Daumen. Achten Sie darauf, daß der Druck sanft beginnt und dann zunehmend gesteigert wird. Beginnen Sie zu drücken, wenn sie ausatmen, und lösen Sie den Druck mit der Einatmung. Der Druck sollte etwa zehn Sekunden lang gehalten werden, und jeder Punkt sollte mindestens dreimal gedrückt werden. Eine Ausnahme bildet der letzte Punkt (d). Hier empfiehlt es sich eher, den Druck vorsichtig mit einem spitzen Gegenstand, zum Beispiel einem Stift, auszuführen. Übertreiben Sie aber nicht. Ein gewisser Schmerz ist bei dieser Form der Meridian-Druckmassage zwar positiv, aber natürlich darf man gewisse Grenzen nicht überschreiten. Wird die Lunge über den entsprechenden Meridian wieder mit Energie versorgt, erleichtert sich die Atmung. Die Befreiung der Atmung hat wiederum zahlreiche Einflüsse auf den seelischen Zustand; insbesondere kommt es zu einem befreienden Gefühl, das mit dem »Tiefdurchatmen-Können« zusammenhängt und das für den gehemmten Persönlichkeitstyp besonders wichtig ist.

Der träge Mensch

Beim trägen Menschen sind alle drei Wesensbereiche eher schwach ausgebildet. Sowohl die körperlichen, als auch die emotionalen, als auch die mentalen Energien des Trägen sind also ziemlich niedrig. Man könnte nun glauben, daß der Typ des trägen Menschen alle Probleme der anderen Typen in sich vereint. Dies ist aber – glücklicherweise – nicht der Fall.

Das kommt daher, daß alle drei Wesensbereiche gleichmäßig entwickelt sind, also zueinander in ähnlicher Beziehung wie beim ausgeglichenen Menschen stehen. Und tatsächlich ist der Träge in gewisser Weise relativ ausgeglichen. Das heißt aber nicht, daß er, wie es beim wirklich ausgeglichenen Menschen meist der Fall ist, von Problemen verschont bliebe.

Seine Trägheit bringt fast immer mit sich, daß er weit hinter seinen Wünschen und gesteckten Zielen zurückbleibt. Dabei kann natürlich auch der träge Grundtyp kreativ, sportlich und einfühlsam sein; es ist ja nicht so, daß der Träge prinzipiell ein dummer, langweiliger oder gefühlskalter Mensch wäre. Die niedrigen Energien in allen drei Bereichen zeigen nur, daß er seine Fähigkeiten nicht richtig aktivieren kann, bzw. sie nicht wirklich unter Kontrolle hat.

Meistens ist sich der träge Mensch seiner »Behinderung« wohl bewußt und leidet unter ihr, er ist unzufrieden mit sich und hat manchmal sogar Schuldgefühle wegen seiner Trägheit. Er glaubt zu wissen, daß er »eigentlich« könnte, wenn er nur wollte. Oft versucht er sich zu größerem Energieeinsatz aufzuraffen, merkt aber bald, daß er es nicht schafft, durchzuhalten. Er hat es daher ziemlich schwer, sich in einem Beruf durchzusetzen, der ständigen Einsatz erfordert. Erstaunlicherweise sind es jedoch oft gerade träge Menschen, die sich für einen »stressigen« Beruf entscheiden. Sie hoffen, durch die ständigen Anforderungen dazu gezwungen zu sein, ihr Verhalten zu ändern – damit scheitern sie jedoch zumeist, denn eine Veränderung kann nie gewaltsam herbeigeführt werden.

Besonders im Alter wird die Trägheit problematisch. Denn gerade im Alter sind Aktivitäten aller Art besonders wichtig, um der Einsamkeit, die eines der größten Probleme im Alter darstellt, entfliehen zu können und wirklich lebendig zu bleiben.

Die körperlichen Aktivitäten, die Gedanken und Gefühle sind beim Trägen keinen großen Schwankungen unterworfen; das heißt aber auch, daß der träge Mensch meist nicht von überwältigenden Problemen und Ängsten geplagt wird. Starke Belastungen erträgt der Träge also leichter als andere Menschen. Daher werden, im Gegensatz zur allgemeinen Ansicht, träge Menschen – wie auch ausgeglichene – oft besonders alt. Allerdings hat für sie das Alter meist keine große Lebensqualität mehr – im Gegensatz zu dem des ausgeglichenen Menschen.

Beim Wunsch, an sich zu arbeiten, ergibt sich gerade für den trägen Menschen ein besonderes Problem: Um an sich zu arbeiten und seine Trägheit überwinden zu können, müßte er zunächst ja erst einmal seine Trägheit überwinden! Der Träge sollte also – auch wenn ihn plötzlich Enthusiasmus überfällt – darauf achten, nur ganz langsam und allmählich seine Aktivitäten (gleichmäßig auf allen drei Gebieten) zu steigern; sein Ziel heißt Regelmäßigkeit. Er sollte unbedingt Sport treiben – aber zunächst einmal die Woche und nicht fünfmal! Er sollte sich geistig beschäftigen – aber nicht fünf Bücher auf einmal lesen! Er sollte sich emotional mehr engagieren – aber nicht gleich versuchen, seine Neigungen umzukrempeln! Der Träge kann zum ausgeglichenen Menschen werden, wenn er langsam vorgeht. Also noch einmal: Nur Ruhe und Regelmäßigkeit werden zum Ziel führen!

Der Träge

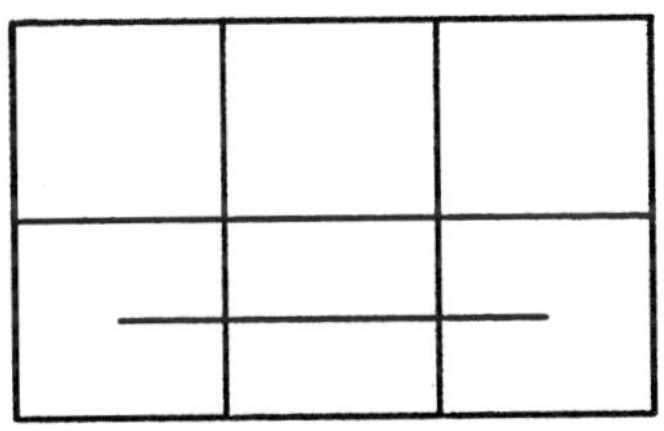

Die Kamelstellung

Die Übung erhöht den Adrenalinausstoß und wirkt stark aktivierend auf die körperlichen, seelischen und geistigen Energien. Man sollte sie nicht direkt vor dem Schlafengehen üben und bei Nierenproblemen oder Hohlkreuz vorsichtig sein.

1 *Setzen Sie sich zunächst auf die Fersen, entspannen Sie sich und atmen Sie einige Male tief durch.*
Richten Sie dann Ihren Oberkörper auf und gehen Sie in den Kniestand. Öffnen Sie die Füße so weit, daß der Abstand zwischen den Knien kleiner ist als der Abstand zwischen den Füßen. Die Knie sollten etwa so weit auseinander sein, daß Sie noch eine Faust dazwischen legen können.

2 *Lassen Sie sich dann langsam nach hinten sinken und versuchen Sie, mit Ihren Händen Ihre Fersen zu erreichen. Hierbei bleiben die Oberschenkel jedoch vorn, und die Dehnung erfolgt nur im Bereich des Rückens.*

2

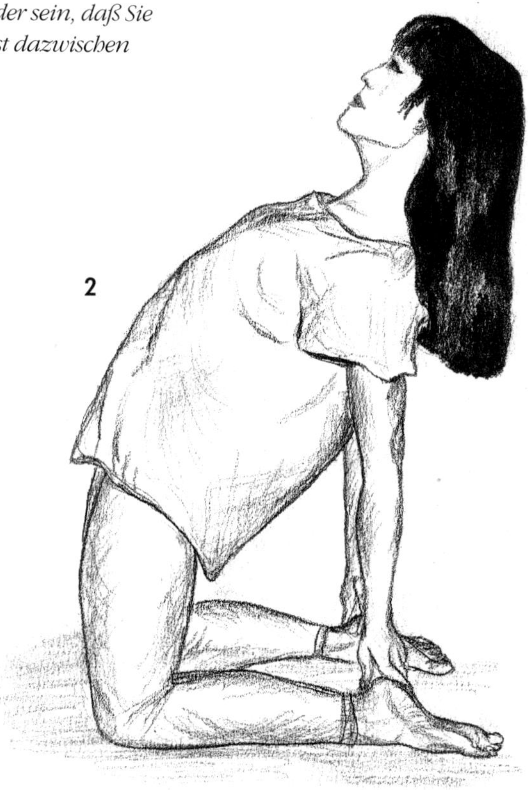

1

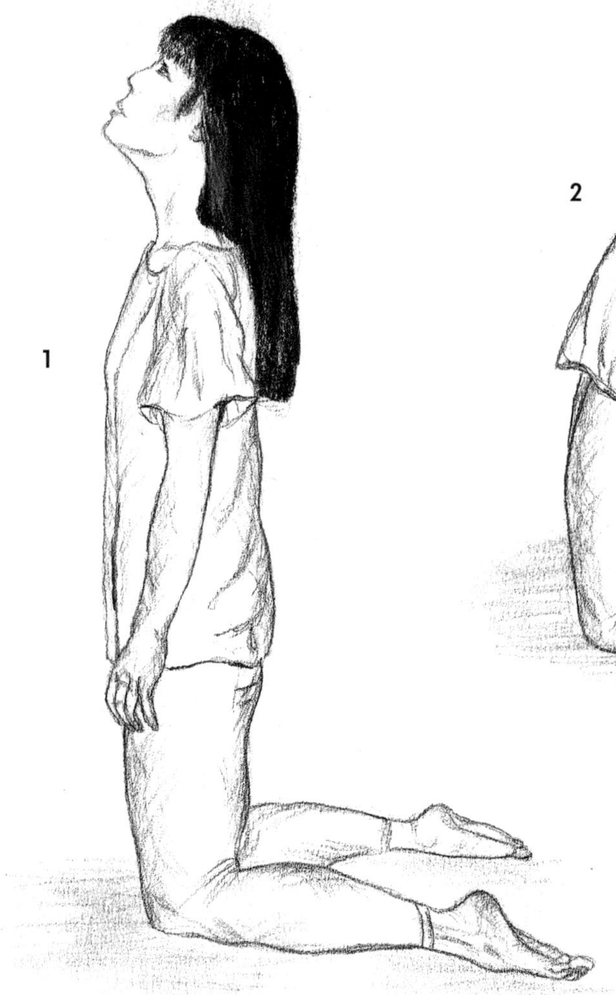

3

3 *Erst wenn Sie diese Stellung problemlos einnehmen können, sollten Sie noch einen Schritt weitergehen, indem Sie den Kopf ein wenig in den Nacken legen und sich noch ein bißchen weiter nach hinten dehnen. In der Endstellung sollten Sie den Atem fließen lassen und die Gesichtsmuskeln entspannen. Bleiben Sie anfangs nicht länger als 15 Sekunden in dieser Haltung und überschreiten Sie auch im fortgeschrittenen Stadium nicht die Dauer einer Minute.*

Kommen Sie dann langsam in den Kniestand zurück und setzen Sie sich dann wieder auf die Fersen.

Diese Übung sollte nur ein einziges Mal ausgeführt werden, und es wäre günstig, sich gleich im Anschluß auf den Rücken zu legen und nachzuspüren.

Gruß an die Erde

Die Übung »Gruß an die Erde« harmonisiert Ihre vitalen, emotionalen und mentalen Kräfte und sie regt den Sauerstoffaustausch an. Darüber hinaus wird der Kopf besser durchblutet, Kopfschmerzen und Rückenprobleme werden gelindert und Verspannungen im Nackenbereich aufgelöst, was sich wiederum positiv auf den seelischen Zustand auswirkt.

1 *Setzen Sie sich im Schneidersitz auf den Boden. Wenn es Ihnen möglich ist, sollten beide Knie auf dem Boden aufliegen, indem Sie einen Fuß sehr nah an den Körper heranziehen und den anderen davor legen. Kreuzen Sie dann die Arme und legen Sie die linke Hand flach auf das rechte Knie und die rechte Hand auf das linke Knie. Sitzen Sie möglichst gerade, atmen Sie noch einige Male entspannt.*

1

2

2 *Beugen Sie dann den Oberkörper langsam nach vorne und bringen Sie den Kopf möglichst nah zum Boden, während Sie die Knie ebenfalls in Richtung Boden drücken. Optimal wäre es, wenn die Stirn den Boden berühren würde.*

Atmen Sie in der Endhaltung dreimal tief durch die Nase ein und durch den Mund aus, und richten Sie sich dann mit der nächsten Einatmung wieder sehr langsam auf.
Lösen Sie dann die Hände und wechseln Sie sowohl die Beinhaltung als auch die Armhaltung, so daß sich nun das andere Bein und der andere Arm vorn befinden. Wiederholen Sie nun die Übung.

Es genügt, sie jeweils einmal auszuführen und unten jeweils dreimal tief zu atmen. Nach Beendigung der Übung lösen Sie bitte die Beinhaltung und legen sich auf den Rücken, um zu entspannen und dem Körper Gelegenheit zu geben, den Reiz der Übung zu verarbeiten.

Mit den Flügeln schlagen

Die Übung stärkt sowohl den Körper, als auch über die vertiefte harmonische Atmung den Geist.

In der Ausgangsstellung stehen Sie mit leicht gegrätschten Beinen fest auf dem Boden; die Füße weisen etwas nach außen und die Hände liegen an den Oberschenkeln. Atmen Sie einige Male tief durch und entspannen Sie sich bei jedem Atemzug noch etwas mehr.

1 *Mit der Einatmung heben Sie nun ganz langsam die Ellbogen bis in Schulterhöhe. Die Arme sind dabei angewinkelt, und die Hände hängen locker herab, sind also tiefer als die Ellbogen. Während dieser Aufwärtsbewegung drehen sich die Handrücken langsam zueinander. Gleichzeitig drehen Sie den Kopf nach rechts, so daß Sie auf den rechten Ellbogen blicken.*

2 *Bei der folgenden Ausatmung lassen Sie die Ellbogen leicht sinken und heben die Hände leicht an. Die Handflächen weisen jetzt zueinander, die Zeigefinger sind gestreckt, während die anderen Finger sanft angewinkelt sind. Drehen Sie gleichzeitig den Kopf wieder zur Mitte zurück.*

2

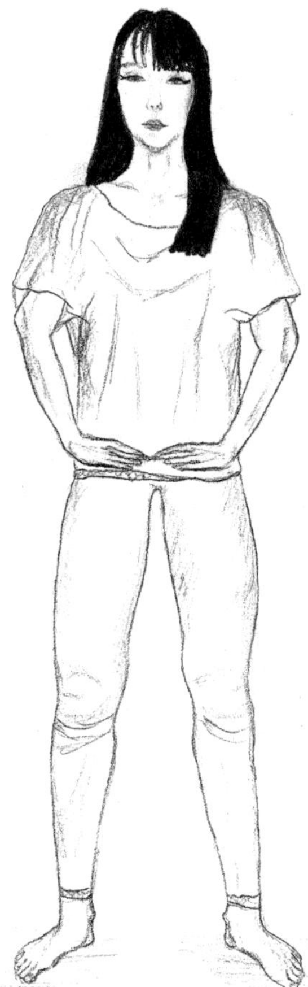

3

1

3 *Drücken Sie nun, während Sie weiter ausatmen, ganz langsam die Hände mit den Handflächen nach unten in Richtung Boden, bis die Arme ganz gestreckt sind. Die Handflächen sind nun ebenfalls nach unten gerichtet, und die Finger weisen zueinander. Entspannen Sie, wenn die maximale Dehnung erreicht ist, Arme und Hände und wiederholen Sie die Übung bis hierher; jedoch wenden Sie diesmal den Kopf nach links. Den gesamten Übungsablauf führen Sie sechsmal durch.*

Achten Sie darauf, daß die Bewegung stets im Fluß bleibt; stellen Sie sich vor, Sie würden mit den Flügeln schlagen (das ist übrigens der Name dieser chinesischen Übung), und machen Sie auch zwischen den Wiederholungen keine Pausen.

Stärkung des Emotionalfeldes

In dieser Wyda-Übung werden vor allem die emotionalen Energien besonders stark angesprochen und verstärkt.

1 *Knien Sie nieder und setzen Sie sich auf Ihre Unterschenkel. Legen Sie Ihre Hände auf die Brust, die rechte über der linken Hand. Schließen Sie die Augen und konzentrieren Sie sich ganz auf Ihre Gefühle, positive, wie auch negative. Sammeln Sie alle Gefühle an der Stelle, an der Ihre Hände die Brust berühren.*

2 *Nach einer Weile öffnen Sie die Augen, legen den Kopf in den Nacken und atmen tief aus. Gleichzeitig breiten Sie die Arme weit aus. Bei dieser Bewegung stellen Sie sich vor, daß für einen Moment alle Ihre Gefühle aus Ihnen herausströmen.*

Sie halten diese Stellung und atmen wieder ein, wobei Sie sich vorstellen, daß die Gefühle wieder in Sie zurückströmen – Sie lassen jedoch nur die positiven Gefühle herein.

1

2

3

4

Wenn Sie spüren, daß eine Sättigung eintritt, schließen Sie mit der Ausatmung die Augen, senken den Kopf und führen die Hände wieder vor die Brust (siehe 1); diesmal sollte die linke über der rechten Hand zu liegen kommen. Sammeln Sie Ihre Gefühle.

3 *Mit der Ausatmung heben Sie nun die Hände neben den Kopf, die Handflächen nach vorne weisend. Beugen Sie den Oberkörper, bis Stirn, Unterarme und Hände – möglichst gleichzeitig – den Boden berühren. Dabei entlassen Sie wiederum alle Gefühle mit der Vorstellung, daß sie durch die Arme und Hände in die Erde strömen.*

4 *Bei der nächsten Einatmung lassen Sie wieder nur die positiven Gefühle einströmen und kehren zur Ausgangsstellung zurück.*

Meditation für den Trägen

Vorbereitung:
Lockern Sie einengende Kleidung, schütteln Sie Ihre Arme und Beine aus und setzen Sie sich dann auf den Boden oder einen Stuhl. Achten Sie darauf, daß Sie ungestört bleiben und schließen Sie Ihre Augen. Sitzen Sie möglichst gerade und entspannen Sie alle Muskeln. Versuchen Sie so wach wie möglich zu bleiben.

Stufe I
Stellen Sie sich vor, wie Sie an einem Fluß spazierengehen. Sie sind allein unterwegs und folgen dem Flußlauf. Es ist ein sehr großer, breiter Fluß mit klarem, kaltem Wasser. Sie kommen an ruhige und an reißende Stellen des Flusses. Versuchen Sie, sich möglichst genau alle Einzelheiten Ihres »inneren Flusses« vorzustellen. Sie sind entspannt und gelassen und gehen immer weiter am Flußufer entlang. Sie sehen die Bäume und Pflanzen in der Umgebung des Flusses und riechen das Wasser. Sie setzen sich an das Ufer und halten die Füße ins fließende Wasser. Das Wasser ist eiskalt, Sie werden ganz wach...

Stufe II
Verlassen Sie dann langsam das Bild Ihres inneren Flusses und spüren Sie wieder in Ihren Körper hinein. Achten Sie darauf, daß Ihre Wirbelsäule ganz aufgerichtet ist und daß die Muskeln entspannt und locker sind. Laden Sie sich nun mit Kraft auf. Spüren Sie Ihren Körper und denken Sie mit jedem Einatmen die Worte »MEIN KÖRPER« und mit jedem Ausatmen »IST KRAFTERFÜLLT«. Spüren Sie, wie sich Ihr ganzer Körper mit Kraft auffüllt, und gehen Sie dann mit der Konzentration in den Gefühlsbereich. Denken Sie nun mit dem Einatmen »MEINE GEFÜHLE« und mit dem Ausatmen »SIND KRAFTERFÜLLT«. Wiederholen Sie dies so lange, bis Sie wirklich den Eindruck haben, daß Ihre Gefühlsenergie zu wachsen beginnt. Zuletzt richten Sie Ihre Aufmerksamkeit auf Ihren Gedankenbereich und denken – wiederum in Verbindung mit der Ein- und Ausatmung – »MEINE GEDANKEN« – »SIND VOLLER KRAFT«. Laden Sie auf diese Weise Körper, Seele und Geist mit Kraft und Energie auf, aber arbeiten Sie nicht mit dem Willen, sondern allein mit der Vorstellungskraft und mit Sanftheit...

Stufe III
Lösen Sie dann Ihre Konzentration von dem Wort »KRAFT«, und stellen Sie sich nacheinander drei kleine Energiekugeln in Ihrem Körper vor. Stellen Sie sich das Zentrum Ihrer Körperenergien als eine rote Energiekugel in Ihrem Bauchbereich vor. Benützen Sie die Einatmung dazu, dieses rote Licht größer werden zu lassen, und verteilen Sie dieses Licht mit jedem Ausatmen im ganzen Bauchbereich. Gehen Sie dann allmählich zu Ihrem Herzzentrum über. Stellen Sie sich in der Mitte Ihrer Brust ein goldenes Licht vor, das mit jeder Einatmung wächst. Lassen Sie mit jeder Einatmung goldene Energie in Ihren Brustraum fließen, und verteilen Sie diese Energie dann mit dem Ausatmen im ganzen Brust- und Rückenbereich. Wenn Sie das Gefühl haben, von diesem goldenen Licht erfüllt zu sein, so gehen Sie zuletzt mit der Vorstellung in Ihren Stirnbereich. Stellen Sie sich hier ein kleines, hellblaues Lichtkügelchen vor. Nehmen Sie dann wiederum die Einatmung zu Hilfe, um dieses Licht größer werden zu lassen. Lassen Sie es so lange anwachsen, bis es Ihren gesamten Kopf ausfüllt. Bevor Sie die Übung beenden, sollten Sie noch einmal bewußt in Ihren Körper hineinfühlen. Spüren Sie seine Schwere und das Getragen-Sein von der Erde. Strecken Sie sich dann durch, und öffnen Sie die Augen.

Shiatsu für den Trägen

Sollten Sie sich aufgrund des Testergebnisses dem Typ der trägen Persönlichkeit zugeordnet haben, empfiehlt sich für Ihre allgemeine Aktivierung die Massage des Dreifachen-Erwärmer-Meridianes. Dieser Meridian bezieht sich nicht auf ein spezielles Organ, sondern auf drei Bereiche des Körpers: auf den unteren Bereich mit den Verdauungs- und Geschlechtsorganen, auf den mittleren Bereich mit Magen, Milz, Leber, Gallenblase und Zwölffingerdarm und auf den oberen Bereich mit den Lungen und dem Herzen.

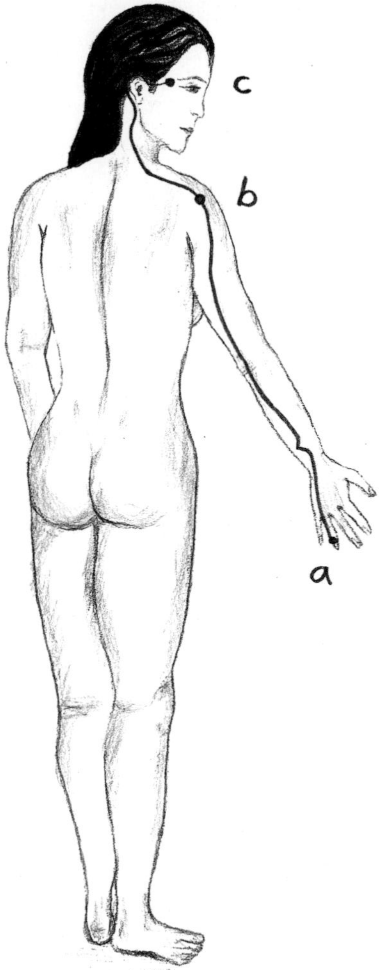

Der Dreifache-Erwärmer beginnt an der äußeren Seite des Ringfingers und läuft über den Ellbogen zur Schulter hinauf, über dem Ohr vorbei, bis hin zur Augenbraue. Kommt es zu Energieverlusten oder Blokkaden in diesem Meridian, kann dies zu Erkrankungen der Atemwege, Augenschmerzen, Schwierigkeiten mit der Verdauung, zu Krämpfen und Müdigkeit führen. Im psychischen Bereich macht sich ein Energiedefizit als Antriebslosigkeit, Lustlosigkeit und eben auch als Trägheit bemerkbar.

Der Dreifache-Erwärmer-Meridian

Für die Praxis der Selbstmassage sind drei Punkte des Dreifachen-Erwärmer-Meridianes von Bedeutung:

a *an der Außenseite der Fingerkuppe des Ringfingers, wenige Millimeter vom Fingernagel entfernt;*
b *auf der Rückseite der Schulter; Sie finden den Punkt in der Vertiefung, die erscheint, wenn Sie Ihren Arm in einem 90-Grad-Winkel zum Körper halten;*
c *an den Schläfen, wenige Zentimeter neben der Augenbrauenspitze.*

Drücken Sie den ersten Punkt a mit einem spitzen Gegenstand wie beispielsweise einem Zahnstocher, die anderen Punkte mit dem Daumen. Beginnen Sie mit dem Ausatmen zu drücken und beenden Sie den Druck mit der Einatmung wieder. Steigern Sie allmählich den Druck und lösen Sie ihn ebenso langsam. Sie sollten den Druck etwa acht Sekunden lang halten und je Punkt dreimal drücken. Was die Energiepunkte neben den Augenbrauen betrifft, sollten Sie hier nicht zu kräftig drücken, sondern diese Punkte eher mit kleinen, kreisförmigen Bewegungen massieren.
Die Stimulierung des Dreifachen-Erwärmer-Meridians wirkt sich positiv auf sämtliche Organe aus. Kommt es in diesem Meridian wieder zu einem ungehinderten Energiefluß, führt dies zu einer starken Vitalisierung des gesamten Organismus, was im Körper oft als Wärmegefühl und im geistigen Bereich als erhöhte Wachheit erfahren werden kann.

Übungen für den Alltag

In den folgenden Kapiteln werden wir Möglichkeiten aufzeigen, durch Übungen zu mehr Entspannung und Bewußtheit im Alltag zu finden. Oftmals werden die Anforderungen und Streßfaktoren, die das tägliche Leben mit sich bringt, als besonders belastend empfunden. In unserer hochmodernen Welt ist jeder einzelne mit einer Unzahl von Reizen und mit unnatürlichen Lebensverhältnissen konfrontiert. In den Großstädten wird einem dies zumeist noch viel deutlicher bewußt als in ländlicheren Gegenden. Wird den Belastungen nicht rechtzeitig entgegengewirkt, kommt es mit der Zeit zu Fehlhaltungen, Verspannungen und letztlich zu verschiedenen psychischen Störungen oder körperlichen Krankheiten. Hier können ausgleichende und entspannende Übungen oft sehr hilfreich sein. Durch sie ist es möglich, von Zeit zu Zeit immer wieder einmal Kontakt zu seinem Körper, zum leiblichen Befinden aufzunehmen, und so disharmonische Tendenzen aufzulösen, bevor sie größeren Schaden anzurichten vermögen. Im Grunde enthält das alltägliche Leben eine große Anzahl von Möglichkeiten, zu einer entspannteren und zugleich intensiveren Lebensweise zu finden. Wer die Herausforderungen des Alltags zu meistern vermag, ohne dabei in negative Gemütszustände zu verfallen, ist auch in nicht alltäglichen Situationen so leicht nicht mehr aus der Ruhe zu bringen. Innerhalb des hektischen Getriebes unserer Welt dennoch innerlich ruhig und gelassen zu bleiben, ist eine zwar schwierige, aber durchaus nicht unlösbare Aufgabe. Wem sie gelingt, dem wird sich ein ganz neues, zutiefst befriedigendes Lebensgefühl auftun, das ihn mit Heiterkeit und Harmonie erfüllen wird.

Unsere folgenden Übungen beziehen sich auf typische Alltagssituationen, wie beispielsweise auf das Autofahren oder auf den Arbeitsplatz. Sie können leicht in den Alltag eingebaut werden und sind leicht durchzuführen. Dennoch verfehlen sie – bei regelmäßiger Anwendung – ihre Wirkung nicht. Im Prinzip geht es ja darum, sein tägliches Leben bewußter zu erleben und sich immer wieder um einen gewissen Abstand zu den Problemen des Alltags zu bemühen. Über die Übungen hinaus empfehlen wir deshalb auch, jede noch so unwichtig erscheinende Tätigkeit des Tages bewußt und konzentriert auszuführen. Wenn wir hier von Konzentration sprechen, meinen wir damit eine Verfassung, die mit Wachsein, Entspanntsein und innerer Sammlung zusammenhängt. Es geht also überhaupt nicht darum, die Zähne zusammenzubeißen und sich irgendwie besonders anzustrengen. Wahre Konzentration raubt uns nicht die Energien, sondern sie erfüllt uns vielmehr mit neuen Kräften. Da die meisten Menschen sich auf die Dinge, die ihnen Freude bereiten, am ehesten konzentrieren können, fallen ihnen eben diese Dinge leicht. Wenn es Ihnen gelingt, zunehmend auch Tätigkeiten, die zunächst unwichtig oder sogar unangenehm erscheinen, gesammelt und wach auszuführen, werden Sie spüren, wie auch diese Dinge allmählich immer leichter fallen und immer weniger belasten. Gleichgültig ob es sich darum handelt, Akten zu ordnen, Zähne zu putzen oder einzukaufen, alles sollte konzentriert und entspannt getan werden, damit durch Zerstreuung nicht unnötig Energien verschwendet werden und es so zu negativen Gefühlen und belastenden Gedanken kommt.

Abgesehen von den typischen Alltagssituationen werden wir auch noch auf Aspekte der Gesundheit zu sprechen kommen. So weisen wir auf die Bedeutung einer Stärkung des Immunsystems hin und werden einige notwendige Dinge über die gesunde Atmung und über Entspannung und Meditation sagen.

Am Arbeitsplatz

Die meisten Menschen in unserer Gesellschaft arbeiten im Sitzen. Wir arbeiten zumeist etwa acht Stunden am Tag im Büro oder ähnlichen Einrichtungen. Wir sitzen aber nicht nur bei der Arbeit, sondern darüber hinaus auch noch im Auto, in der Straßenbahn und in unserer Freizeit – so zum Beispiel vor dem Fernseher oder bei Verwandtenbesuchen. Nicht umsonst spricht man beim zivilisierten Menschen bereits von einer sitzenden Lebensweise. Obwohl das Sitzen auf den ersten Blick eine recht gemütliche Sache ist, ist dennoch der Mensch nicht darauf angelegt, den Großteil seines Lebens im Sitzen zu verbringen. Viel förderlicher für seine Gesundheit wäre es, wenn er sich öfter bewegen würde, wenn er regelmäßig gehen, laufen, radfahren und schwimmen könnte. Da dies aber leider oft nicht möglich ist, sollten Sie – mit Hilfe unserer Übungen – den häufigsten Verspannungen, die das Sitzen und die Arbeit am Schreibtisch mit sich bringen, vorbeugen und entgegenwirken.

Die folgenden drei kurzen Übungen tragen auch dazu bei, daß Sie sich Ihrer Haltung und Ihrer Wirbelsäule bewußter werden, wodurch Sie für Anspannungstendenzen zunehmend sensibilisiert werden. Außer diesen Übungen würden wir Ihnen empfehlen, sich immer wieder einmal durchzustrecken und zu räkeln und nach Möglichkeit auch ab und zu aufzustehen, ein paar Schritte zu gehen und Ihre Arme und Beine ein bißchen auszuschütteln.

Verspannungen durch langes Sitzen sind nicht der einzige Streßfaktor am Arbeitsplatz. Streß kann auch psychische Ursachen haben. Es kann zwar auch das Wetter an Kopfschmerzen schuld sein, oft ist es jedoch scheinbar unvermeidlicher Leistungsdruck von Vorgesetzten, Kollegen oder mitunter auch der selbst auferlegte Zwang zur Leistung. Nicht selten spielen auch persönliche Probleme mit Mitarbeitern eine wichtige Rolle bei der Entstehung von Verspannungen, Streßgefühl und Unzufriedenheit. Wo immer es möglich ist, sollten Sie versuchen positiven Einfluß auf Ihren Arbeitsplatz zu nehmen. Dabei sollten Sie auch Kleinigkeiten bedenken, wie die Verbesserung der Beleuchtung oder die Auswahl des Stuhles. Auch die Temperatur des Raumes, seine Belüftung und sogar seine Gerüche können erheblich auf Ihre Stimmung einwirken. Sie können beispielsweise ein Ihnen angenehmes ätherisches Öl mitnehmen und gelegentlich daran schnuppern oder vielleicht Blumen an Ihren Arbeitsplatz stellen. Versuchen Sie vielleicht auch, sich noch mehr in Ihre Mitarbeiter einzufühlen und ihnen freundlicher zu begegnen, oder sich andere Dinge auszudenken, um die Atmosphäre positiv zu beeinflussen.

Der wichtigste Faktor, der zu einem angenehmen Arbeitsplatz beiträgt, sind jedoch Sie selbst! Auch wenn Sie äußere Umstände nur wenig beeinflussen können: Sie können an sich selbst arbeiten – und das wird auch Ihre Umgebung verändern.

Dreieckstellung im Sitzen

Die folgende Übung ist eine ideale Ausgleichsübung für langes Sitzen am Arbeitsplatz. Sie dehnt die Flanken, erhöht die Atemkapazität und biegt die Wirbelsäule seitlich. Sie hilft, Verspannungen in Rücken und Nacken zu lösen, und gleicht auch die Haltung des Beckens aus. Außerdem macht sie wach und erhöht die Konzentration.

1 *Sitzen Sie möglichst aufrecht auf der vorderen Hälfte des Stuhles und entspannen Sie sich kurz. Strecken Sie Ihr linkes Bein nach schräg vorne. Legen Sie dann Ihre linke Hand auf Ihren Oberschenkel und heben Sie den rechten Arm seitlich – zuerst in die Waagrechte – und dann noch etwas mehr, nach schräg oben.*
Hierbei sollte die Hand gestreckt sein, und die Handfläche zeigt nach unten. Der Blick ist auf die gedehnte rechte Hand gerichtet.

1

2

Verweilen Sie für etwa drei Atemzüge in dieser Haltung. Wenn Sie möchten, können Sie die Dehnung nun noch intensivieren, indem Sie mit der linken Hand weiter nach unten, bis in Kniehöhe rutschen und den rechten Arm noch steiler nach oben strecken.

2 *Verweilen Sie dann auch in dieser Stellung einige Atemzüge lang.*
Beenden Sie die Übung, indem Sie den rechten Arm wieder langsam senken, das linke Bein langsam an den Körper heranziehen, in der aufrechten Sitzhaltung entspannen und den Atem wieder zur Ruhe kommen lassen.

Vergessen Sie nicht, die Übung dann auch nach der anderen Körperseite auszuführen. Bleiben Sie anfangs nicht zu lange in der Endstellung und führen Sie die Übung mit jeder Seite nur einmal aus. Später können Sie nach Belieben die Wiederholungszahl steigern und länger in der Endhaltung bleiben.

Drehsitz auf dem Stuhl

Der Drehsitz kräftigt die Muskulatur der Wirbelsäule und wirkt sich auf Fehlhaltungen und Verkrümmungen der Wirbelsäule heilsam aus. Außerdem aktiviert die Übung den gesamten Organismus und regt die Nierenfunktion an. Auch bei Verdauungsproblemen wie Verstopfung, die bei der sitzenden Lebensweise häufig auftreten, kann sie eine wichtige Hilfe sein, da sie die Verdauungsorgane anregt.

1 *Setzen Sie sich auf die vordere Stuhlhälfte und achten Sie darauf, entspannt und möglichst gerade zu sitzen. Füße und Knie sollten geschlossen werden, und der Nacken ist leicht gedehnt.*
Greifen Sie nun mit Ihrer rechten Hand an die Außenseite des linken Oberschenkels und halten Sie sich mit der linken Hand am hinteren Stuhlrand fest.

2 und **3** *Drehen Sie sich nun nach links und nach hinten, indem Sie zuerst aus der Wirbelsäule drehen und anschließend noch den Kopf möglichst weit nach hinten drehen.*

2

1

3

Gehen Sie sehr langsam in diese Dehnung und achten Sie bitte darauf, daß die Wirbelsäule aufrecht bleibt. Schauen Sie in dieser Haltung so weit wie möglich nach hinten über Ihre linke Schulter und atmen Sie entspannt weiter.
Kommen Sie nach etwa 30 Sekunden wieder in die Ausgangsstellung zurück, indem Sie sich auch wieder sehr langsam nach vorne drehen.
Entspannen Sie sich kurz, bevor Sie die Übung auch in die andere Richtung ausführen. Es genügt jeweils eine Drehung pro Körperseite, und im Laufe der Zeit kann man die Dauer der Endstellung auf bis zu zwei Minuten steigern. Es ist jedoch sehr wichtig, daß Sie während der Übung entspannt bleiben und nur so weit drehen, daß Sie dabei Ihre Schmerzgrenze nicht überschreiten.

Den Rücken mobilisieren

Diese Übung können Sie immer dann anwenden, wenn Sie im Rücken, besonders im oberen Teil des Rückens, Schmerzen durch zu langes Sitzen haben. Auch bei Verspannungen in den Armen und Schultern ist die Übung nützlich.

1 *Sie sitzen auf einem Stuhl und greifen mit beiden Händen seitlich an dessen Kanten. Entspannen Sie sich und atmen Sie einige Male tief durch. Atmen Sie ein und richten Sie sich so gerade wie möglich auf. Legen Sie den Kopf in den Nacken und strecken Sie sich nach oben. Atmen Sie wieder aus und lassen Sie den Kopf nach vorne sinken. Kontrollieren Sie jetzt, wie weit Sie entspannt sind. Gehen Sie alle Körperteile nacheinander durch; die Füße, die Beine, die Hüften, den Bauch, die Brust, die Schultern, die Arme, den Hals und das Gesicht und versuchen Sie sich noch mehr zu entspannen. Mit der nächsten Einatmung strecken Sie sich noch etwas mehr, drücken die Brust heraus und ziehen die Stuhlkanten nach oben. Ihre Arme, Ihre Schultern und Ihr Rücken sind jetzt angespannt; achten Sie darauf, kein Hohlkreuz zu machen. Die anderen Muskeln sollten locker sein, vor allem das Gesicht. Atmen Sie ruhig einige Atemzüge weiter.*

2 *Mit der nächsten Ausatmung senken Sie den Kopf auf die Brust, entspannen die Arme, die Schultern und den Rücken. Mit einer Einatmung drücken Sie nun die Arme hinunter, während Sie die Stuhlkanten weiter festhalten. Lassen Sie sich zusammensinken und machen Sie einen Buckel. Vor allem Bauchmuskeln und Armstrekker sind jetzt angespannt. Halten Sie die Stellung wieder einige Atemzüge und beenden Sie die Übung.*

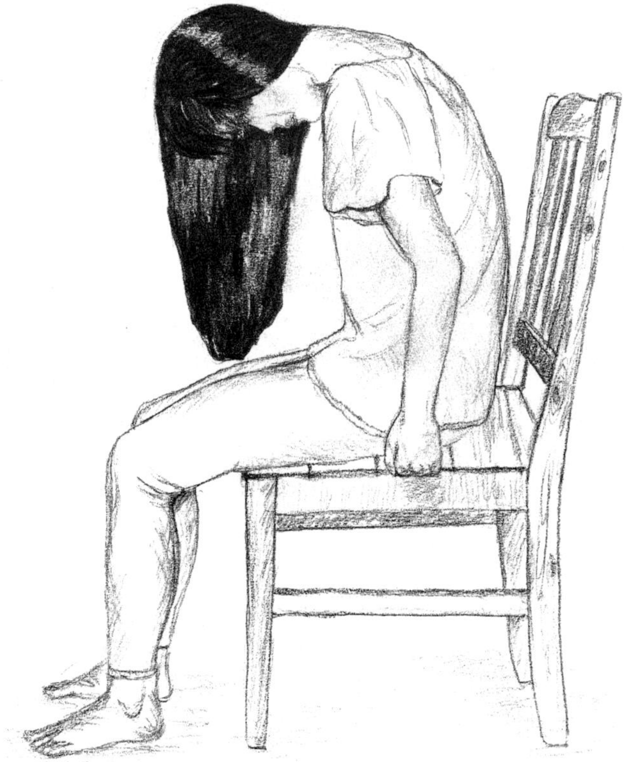

2

1

Sie werden bemerken, daß es Ihnen nun viel leichter fällt, entspannt und ohne Schmerzen zu sitzen.

Beim Autofahren

Das Autofahren ist in den letzten Jahren in Deutschland und anderen Industriestaaten zunehmend zu einer Belastung für Mensch und Umwelt geworden. Statistiken beweisen, daß die Anzahl der Verkehrsunfälle ständig steigt. Kaum einer realisiert, daß er bei jeder Autofahrt seine Gesundheit oder gar sein Leben aufs Spiel setzt.

So haben die meisten Menschen beispielsweise wesentlich mehr Angst vor dem Fliegen als vor dem Autofahren, und das, obwohl die Wahrscheinlichkeit, durch einen Autounfall ums Leben zu kommen, wesentlich höher ist als die Möglichkeit eines Flugzeugabsturzes.

Da die Benutzung eines Autos bekanntlich eine nicht unerhebliche Belastung für die Umwelt darstellt, wäre es natürlich das Vernünftigste, das Autofahren möglichst ganz oder zumindest so oft wie möglich sein zu lassen. Viele sind jedoch aus beruflichen Gründen auf ihr Fahrzeug angewiesen; für andere wiederum symbolisiert das Auto ein Stück Freiheit und Unabhängigkeit, auf das sie nicht verzichten wollen: es wird so bald wohl nicht zu einer Veränderung auf den Straßen kommen.

Wenn wir aber nun schon autofahren, so sollten wir es wenigstens so tun, daß wir damit nicht noch zusätzlich unsere Gesundheit belasten; wie oft sieht man Autofahrer, die sich auf den Straßen gegenseitig tyrannisieren, die mit wütenden Gesten in ihren Autos schimpfen und sich über die lächerlichsten Dinge aufregen. Man könnte meinen, daß der eine oder andere mit dem Einsteigen in sein Fahrzeug jegliche Vernunft und Gelassenheit zurückläßt. Wenn wir sicher und mit heilen Nerven durch den täglichen Verkehr kommen wollen, müssen wir versuchen, konzentriert und ruhig zu fahren.

Die folgenden Übungen tragen dazu bei, daß die Muskelgruppen, die beim Autofahren am ehesten zu Verspannungen neigen, gelockert werden. Körperliche Verspannungen und negative psychische Zustände wie Ärger oder Nervosität vermindern die Konzentration und erhöhen die Unfallgefahr. Darüber hinaus machen sie uns auch krank und setzen negative Gefühle frei.

So ist es ebenso notwendig wie angenehm, sich immer wieder zu lockern, und zwar sowohl körperlich als auch seelisch. Durch Kopf- und Schulterbewegungen können Sie Ihre Muskeln lockern, und durch bewußtes, ruhiges Atmen wird sich Ihr psychischer Zustand harmonisieren, und die Hektik und unnötige Aufregungen werden zunehmend verschwinden.

Halsübungen

Während langer Autofahrten ist es besonders wichtig, immer wieder die besonders belastete Nackenmuskulatur zu lockern, um so Verspannungen zu verhindern oder abzubauen. Gelegenheiten wie rote Ampeln, geschlossene Bahnübergänge oder Verkehrsstaus können genützt werden, um einige Halsübungen auszuführen.

Achten Sie zunächst immer darauf, daß Sie möglichst aufrecht sitzen und daß die Stellung Ihres Fahrer- beziehungsweise Beifahrersitzes diese aufrechte Haltung ermöglicht.

1 *Lassen Sie Ihren Kopf dann sehr behutsam und langsam in den Nacken sinken, verweilen Sie dort kurz.*

2 *Bewegen Sie dann Ihr Kinn in Richtung Brust, um so den Nacken in die andere Richtung zu dehnen.*
Führen Sie diese Bewegung von vorn nach hinten im Zeitlupentempo aus und wiederholen Sie, wenn möglich, mindestens dreimal und bis zu zehnmal diese Bewegung des Kopfes.

2

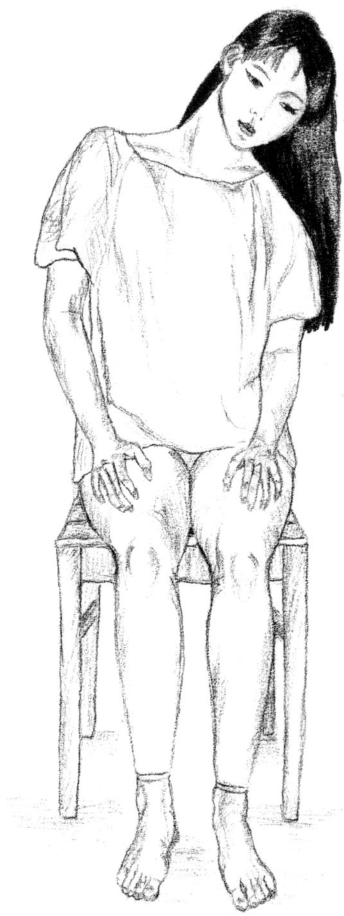

3

1

3 *Bringen Sie Ihren Kopf dann wieder in die Mitte zurück und beginnen Sie damit, den Kopf langsam von rechts nach links zu kippen. Sie können sich dabei vorstellen, daß Sie versuchen mit dem linken Ohr die linke Schulter zu berühren und dann mit dem rechten Ohr die rechte Schulter. Lassen Sie während dieser Bewegung die Schultern aber möglichst entspannt, und achten Sie darauf, daß Sie die Schulter nicht zum Ohr hochziehen. Entspannen Sie dann wieder in der Mitte und beenden Sie die Übung.*

Übungen am Lenkrad

Die folgenden Übungen dienen der Entspannung und Lockerung des oberen Rückens, der Brustwirbelsäule. Außerdem kräftigen sie Hand-, Ellbogen- und Schultergelenke.

Obwohl Sie diese Übung theoretisch auch während der Fahrt durchführen könnten, möchten wir Ihnen davon doch abraten. Die Übungen sind nur wirksam, wenn Sie sich auf die Bewegung konzentrieren – und das ist während einer Autofahrt nicht sehr zu empfehlen. Jedoch schon eine Minute – also ein kurzer Halt am Straßenrand oder auf dem Parkplatz – reicht aus, um alle drei Übungen durchzuführen.

1 *Fassen Sie das Lenkrad mit beiden Händen möglichst fest, und ziehen Sie beim Einatmen am Lenkrad, während Sie sich zurücklehnen. Ihr Körper bewegt sich dabei nicht. Beim Ausatmen entspannen Sie sich wieder. Achten Sie darauf, daß die Bewegung völlig gleichmäßig und kontrolliert erfolgt und daß Bewegung und Atmung miteinander harmonieren.*

1

2

2 *Diesmal drücken Sie bei der Einatmung das Lenkrad von sich fort, halten die Spannung einige Sekunden und lassen dann beim Ausatmen wieder locker. Auch diesmal bleibt der Körper bewegungslos, lediglich die Muskeln arbeiten.*

Bei der dritten Teilübung (ohne Abbildung) drücken Sie mit dem Einatmen den rechten Arm gegen das Lenkrad, während Sie mit dem linken Arm an ihm ziehen. Diesmal sollten sich die Schultern mit dem Zug etwas mitdrehen; dadurch werden die Brustwirbel gegeneinander verdreht und auf diese Weise der obere Rücken gelockert.

Wenn die größte Spannung erreicht ist, atmen Sie wieder aus und entspannen sich, bevor Sie die Übung zur anderen Richtung hin wiederholen. Achten Sie darauf, daß bei dieser Übung keine Pause zwischen Ein- und Ausatmung entsteht und die Bewegung im Fluß bleibt.

Im Haushalt

Immer noch sind es zumeist die Frauen, die den Haushalt und die Kinder – und natürlich auch ihre Männer – versorgen müssen. Leider wird diese Arbeit oft unterbewertet, obwohl sie sicherlich kaum einfacher zu bewältigen ist als die »normale« Arbeit außer Haus, die viel mehr Anerkennung findet.

Es schien uns wichtig, einen besonderen Abschnitt für die Frauen – und vielleicht auch schon einige Männer – zu schreiben, in dem auf die spezielle Situation und die Probleme der Hausfrau oder des Hausmannes eingegangen wird.

Der Haushalt bringt vielerlei Anforderungen und Anstrengungen mit sich. Ein großer Teil der Arbeitsunfälle ereignet sich bei der Hausarbeit; das zeigt schon, wie schwierig die Arbeit im Haus wirklich ist. Oftmals spielt dabei Streß, zum Beispiel durch die Verantwortung für die Kinder, eine große Rolle.

Ein wichtiger Streßfaktor ist oft die Einsamkeit bei der Hausarbeit (wenn nicht gerade Ferien sind); nicht ohne Grund greift ein erstaunlich hoher Prozentsatz von Hausfrauen zu Tabletten und Alkohol.

Dieses Problem kann von zwei Seiten her angegangen werden. Einmal sollten Sie, wenn Sie sich allein gelassen fühlen, aktiv nach außen gehen und Beschäftigungen suchen, bei denen Sie Menschen kennenlernen, zum Beispiel Yoga-Kurse, Training in Fitness-Studios, Veranstaltungen von Gesprächs- oder Literaturkreisen und ähnliches. Andererseits sollten Sie auch die Chance nützen, die Ihnen das Alleinsein bietet: Sie können sich auf sich selbst besinnen. Unsere Übungen versuchen Ihnen dabei zu helfen.

Die Übungen bewirken mit der Zeit eine verminderte Verletzungsgefahr im Haushalt, eine größere Freude an der Hausarbeit und eine entspanntere Einstellung gegenüber den verschiedenen Streßsituationen. Auch beim Einkaufen können Sie üben, ohne größeres Aufsehen zu erregen; wir schlagen auch dafür eine Übung vor.

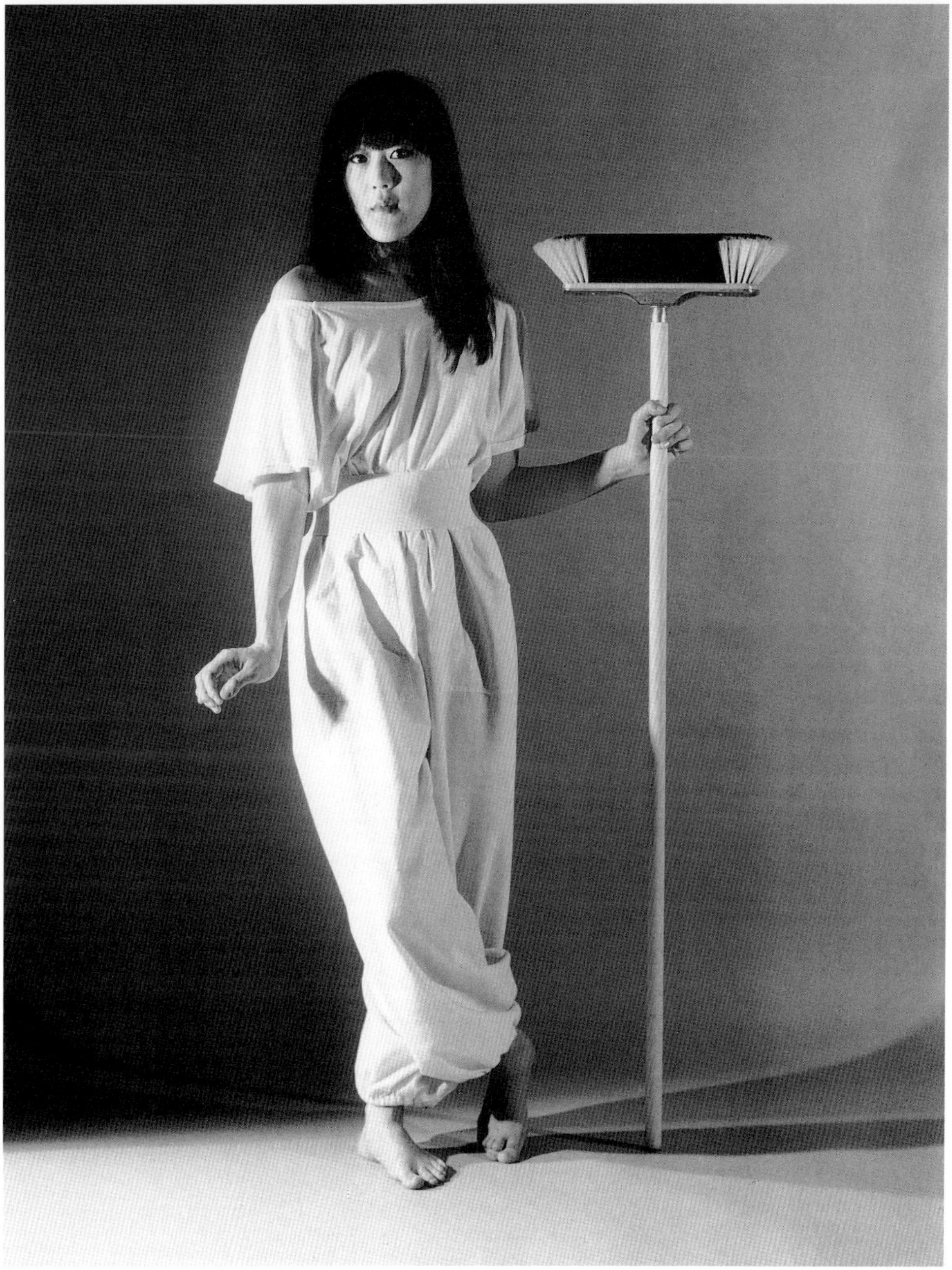

Die Ruhe finden

Diese Übung sollten Sie immer dann machen, wenn Sie gelangweilt, unruhig oder nervös sind. Sie ist auch gut, wenn Sie etwas beginnen wollen, das Konzentration oder besondere Aufmerksamkeit verlangt oder auch nur, wenn Sie geistig wieder etwas wacher und aufnahmebereiter werden möchten.

Sie können die Übung entweder im Stehen, im Sitzen oder im Liegen durchführen. Welche Stellung Sie wählen, hängt einerseits davon ab, wo Sie sich am wohlsten fühlen. Andererseits können Sie sich im Liegen wahrscheinlich am besten entspannen, wogegen sich im Stehen ein besseres Körpergefühl entwickelt und Sie wacher bleiben.

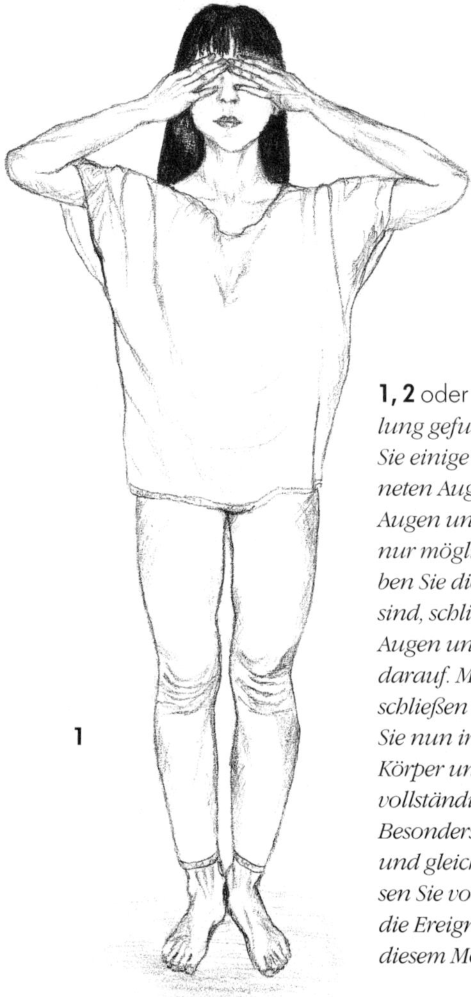

1

1, 2 oder **3** *Wenn Sie Ihre Stellung gefunden haben, atmen Sie einige Atemzüge mit geöffneten Augen. Versuchen Sie mit Augen und Ohren soviel wie nur möglich aufzunehmen. Reiben Sie die Hände, bis sie warm sind, schließen Sie dann die Augen und legen Sie die Finger darauf. Mit den Daumen verschließen Sie die Ohren. Gehen Sie nun im Geiste durch Ihren Körper und versuchen Sie sich vollständig zu entspannen. Besonders der Atem sollte ruhig und gleichmäßig bleiben. Lassen Sie vor Ihrem inneren Auge die Ereignisse des Tages bis zu diesem Moment vorüberziehen.*

2

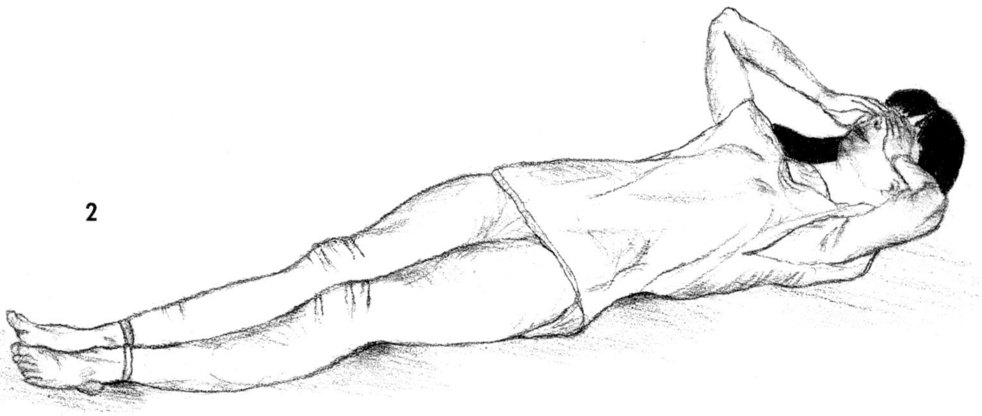

3

Die eigentliche Übung besteht nun darin, die Aufmerksamkeit auf die körperlichen Vorgänge, die Gedanken und Gefühle zu richten. Allen erregenden, traurigen oder negativen Empfindungen setzen Sie dabei sofort eine positive Haltung und Freude entgegen.

Bleiben Sie solange Sie wollen, mindestens jedoch drei Minuten, in dieser Stellung. Öffnen Sie dann zunächst die Ohren und achten Sie darauf, welche Geräusche Sie wahrnehmen; dann erst öffnen Sie die Augen. Sie werden überrascht sein, wie viel Sie nun bemerken, was Sie vorher nicht sahen und hörten!

Gruß an den Himmel

Um einseitigen Belastungen bei der Arbeit im Haushalt vorzubeugen, ist die Übung »Gruß an den Himmel« besonders empfehlenswert. Sie erhöht die Flexibilität der Wirbelsäule, da sie den Rücken nach hinten und dann nach vorn beugt. Außerdem stärkt sie die Rückenmuskulatur und regt den Kreislauf wie auch den Stoffwechsel an.

1

1 *In der Ausgangsstellung stehen Sie aufrecht, die Wirbelsäule ist gerade, das Kinn zeigt etwas zur Brust, und die Füße werden geschlossen. Fühlen Sie sich kurz in diese Haltung ein, schließen Sie die Augen und entspannen Sie sich.*
Mit der nächsten Einatmung heben Sie nun die gestreckten Arme nach oben über den Kopf und beugen sich ein wenig nach hinten, wobei auch der Kopf in den Nacken gelegt wird. Spüren Sie die Dehnung auf der Körpervorderseite, aber gehen Sie nicht zu weit ins Hohlkreuz, und achten Sie auf Ihre persönlichen Grenzen.

2

2 *Atmen Sie als nächstes tief aus, und beugen Sie gleichzeitig Ihren Oberkörper nach unten. Versuchen Sie dabei, Ihre Handflächen vor den Füßen auf den Boden zu setzen. Da dies eine besondere Gelenkigkeit erfordert, sollten Sie nicht enttäuscht sein, wenn Sie den Boden zunächst nicht erreichen.*

Achten Sie unbedingt darauf, daß die Beine durchgedrückt bleiben und daß Sie den Kopf locker nach unten hängen lassen.
Mit der nächsten Einatmung richten Sie sich wieder langsam auf und kommen in die Ausgangsstellung zurück.

Diese Übung sollte anfangs dreimal, später dann bis zu fünfmal wiederholt werden. Wichtig ist, die Bewegung stets mit der Ein- und Ausatmung zu kombinieren.

Die einfache Baumstellung

Die folgende Übung ist eine Gleichgewichtsübung, die das Körperbewußtsein erhöht. Durch Übungen dieser Art kommt es durch die notwendige Konzentration auf die äußere Balance auch zu einem inneren Gleichgewicht und zu mehr innerer Ruhe. Die Übung hat zudem den Vorteil, daß sie relativ unauffällig ist und somit auch in der Öffentlichkeit, wie beispielsweise beim Anstehen in der Schlange vor der Supermarktkasse, geübt werden kann, ohne größere Verwunderung bei den Umstehenden zu verursachen.

1 und **2** *Stehen Sie zunächst aufrecht und entspannt, lassen Sie den Atem frei fließen und achten Sie besonders darauf, daß die Schultern und Arme locker sind. Die Füße sind geschlossen, und das Gewicht ist gleichmäßig auf beide Fußsohlen verteilt.*

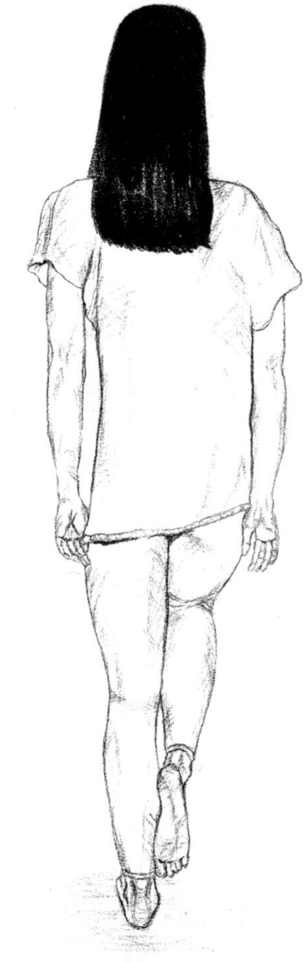

1

Verlagern Sie nun das Körpergewicht auf das linke Bein, indem Sie das rechte Bein ein wenig anwinkeln und entlasten. Wenn Sie das Gefühl haben, nun sicher auf dem linken Fuß zu stehen, dann heben Sie den rechten Fuß am linken Bein entlang etwa so hoch, daß die große Zehe innen am Knöchel anliegt.

Versuchen Sie in dieser Stellung möglichst ruhig zu stehen, und lassen Sie sich ganz vom linken Bein tragen. Die Atmung sollte ruhig und gleichmäßig sein. Wenn Sie dazu neigen, ins Wanken zu geraten, können Sie vor sich auf dem Boden einen Punkt fixieren, was die Stabilität erhöht.

2

Senken Sie den rechten Fuß dann wieder langsam ab, und bringen Sie das Körpergewicht wieder auf beide Fußsohlen.

Spüren Sie die Veränderung, die die Übung in Ihrem Körper bewirkt hat, und üben Sie dann auch nach der anderen Körperseite. Zu Hause sollten Sie versuchen, mindestens eine Minute lang auf einem Bein zu stehen.

Der gesunde Schlaf

Die Übungen, die wir in diesem Abschnitt vorstellen wollen, eignen sich sowohl zum Aufstehen am Morgen, wie auch zum Abschluß des Tages vor dem Einschlafen. Die Übungen können im Bett ausgeführt werden; die Matratze sollte dabei allerdings einigermaßen fest sein. Ansonsten kann man natürlich auch auf dem Teppich oder auf einer Decke üben.

Vielen bereitet schon das Aufstehen Schwierigkeiten; sie fühlen sich unausgeruht und unwohl bei dem Gedanken, das Bett verlassen zu müssen. Mit den ersten Schritten am Tag werden aber oft schon die Weichen für den weiteren Tagesablauf gestellt. Nicht von ungefähr heißt es, wenn jemandem des öfteren am Tag etwas schiefläuft: »Er ist wohl mit dem linken Bein aufgestanden.« Werden Körper und Geist aber gleich nach dem Aufwachen auf das Tagesgeschehen vorbereitet, fällt nicht nur das Aufstehen leichter, sondern der ganze Tag kann anders angegangen werden. Ein sogenannter Morgenmuffel zu sein ist also nur zu einem gewissen Teil ererbtes Schicksal.

Mindestens ebenso wichtig wie die Vorbereitung auf den Tag ist die Vorbereitung auf den Schlaf. Unruhiger Schlaf, Angstträume, Schlaflosigkeit und ähnliche Probleme können oft mit einigen wenigen Übungen vor dem Einschlafen beseitigt werden. Ursache von Einschlafproblemen ist so gut wie immer eine Unruhe der Gedanken, die den Schlaf fernhält. Ebenfalls im gedanklichen Bereich sind die Ursachen von Angstträumen oder unruhigem Schlaf zu finden. Aber auch Verspannungen und Schmerzen können den Schlaf beeinträchtigen.

Dabei ist Schlaf nicht mit Bewußtlosigkeit gleichzustellen, sondern ist ein durchaus aktiver Zustand, in dem Körper und Geist regeneriert werden. Eine besondere Bedeutung kommt dem Träumen zu. Jeder Mensch träumt, auch wenn er sofort nach dem Aufwachen seine Träume vergessen hat. In den Träumen werden tiefliegende Bewußtseinsinhalte und Probleme aufgearbeitet. Träume sind also wichtig für ein harmonisches, ausgeglichenes Lebensgefühl. Der Schlaf sollte ungestört verlaufen, um das Traumerleben nicht zu behindern, denn nicht nur die Dauer des Schlafes ist entscheidend, sondern auch seine Qualität.
Die folgenden Übungen werden Ihnen dabei helfen, einen ruhigeren, erholsamen Schlaf zu finden, beziehungsweise den Tag frisch und voller Energie zu beginnen.

Der Schlaf des Igels

Die Übung eignet sich besonders für den Morgen und kann kurz nach dem Aufwachen, eventuell sogar noch im Bett ausgeführt werden. Sie ist eine gute Bauch- und Hüftmuskelübung, macht wach und dient als Aktivierungsübung auch dazu, sich auf den Tag vorzubereiten. Im übrigen hat sie auch eine hervorragende Wirkung auf die Verdauung, sie löst Blähungen und beugt einer Verstopfung vor. Bei regelmäßiger und mehrmaliger Wiederholung wirkt sie sich zudem noch positiv auf die Figur aus.

1 *Liegen Sie zunächst auf dem Rücken und entspannen Sie sich. Ziehen Sie dann beide Knie an den Brustkorb heran, und umarmen Sie Ihre Unterschenkel mit verschränkten Händen, wobei der Kopf am Boden liegen bleibt.*

2 *Entspannen Sie sich in dieser Haltung, und verweilen Sie einige Atemzüge lang in ihr. Mit der nächsten Ausatmung ziehen Sie dann die Knie vorsichtig näher an die Brust heran und heben gleichzeitig den Kopf in Richtung Knie.*

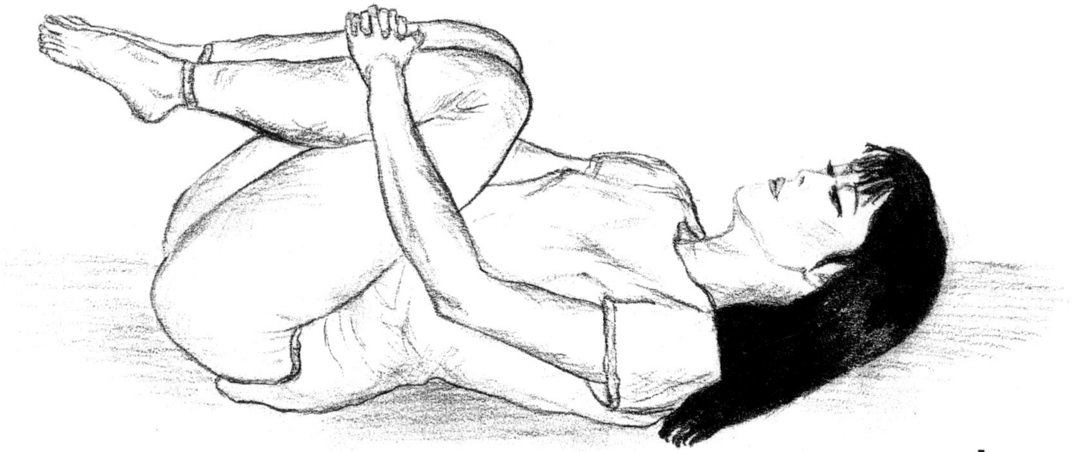

1

2

Bleiben Sie so lange in dieser Position, bis Sie alle Luft ausgeatmet haben, und senken Sie dann wieder den Kopf zum Boden, während Sie auch die Beine wieder etwas lockern. Wiederholen Sie diese Übung etwa fünfmal. Achten Sie darauf, die Bewegung mit der Ein- und Ausatmung zu verbinden, und bleiben Sie einige Sekunden in der angespannten Stellung, ehe Sie sich jeweils wieder entspannen.

Das Krokodil

Das Krokodil ist eine hervorragende Übung, um vor dem Schlafengehen Verspannungen und Belastungen, die sich im Laufe des Tages angesammelt haben, loszuwerden und sich so auf einen tiefen und entspannenden Schlaf vorzubereiten. Diese Übung wirkt sich harmonisierend auf das vegetative Nervensystem aus und stellt bei leichteren Rückenbeschwerden eine gute Möglichkeit zur chiropraktischen Eigenbehandlung dar. Auch wirkt sie sich positiv auf die Verdauung und den Blutkreislauf aus.

1 *Liegen Sie auf dem Rücken und winkeln Sie die Beine an, wobei die Füße geschlossen sein sollten. Die Arme liegen seitlich des Körpers, mit den Handflächen nach unten. Atmen Sie in dieser Stellung entspannt.*

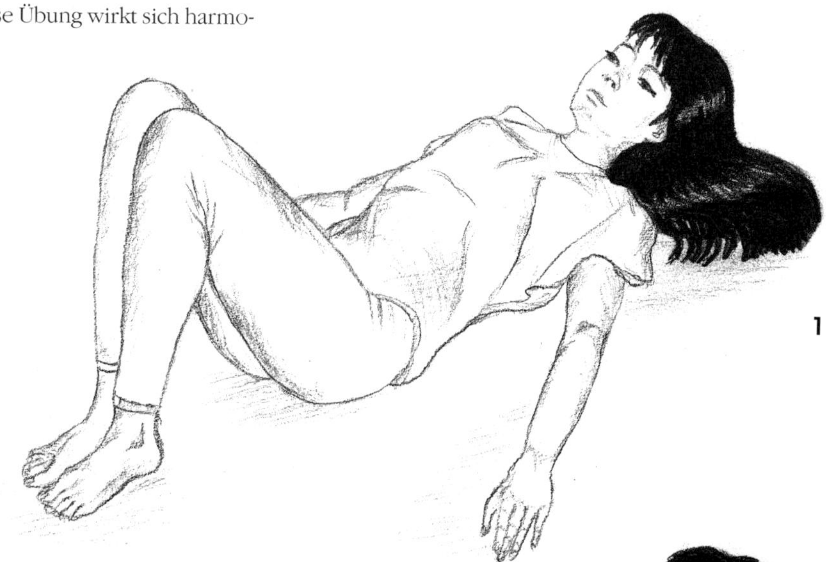

1

2

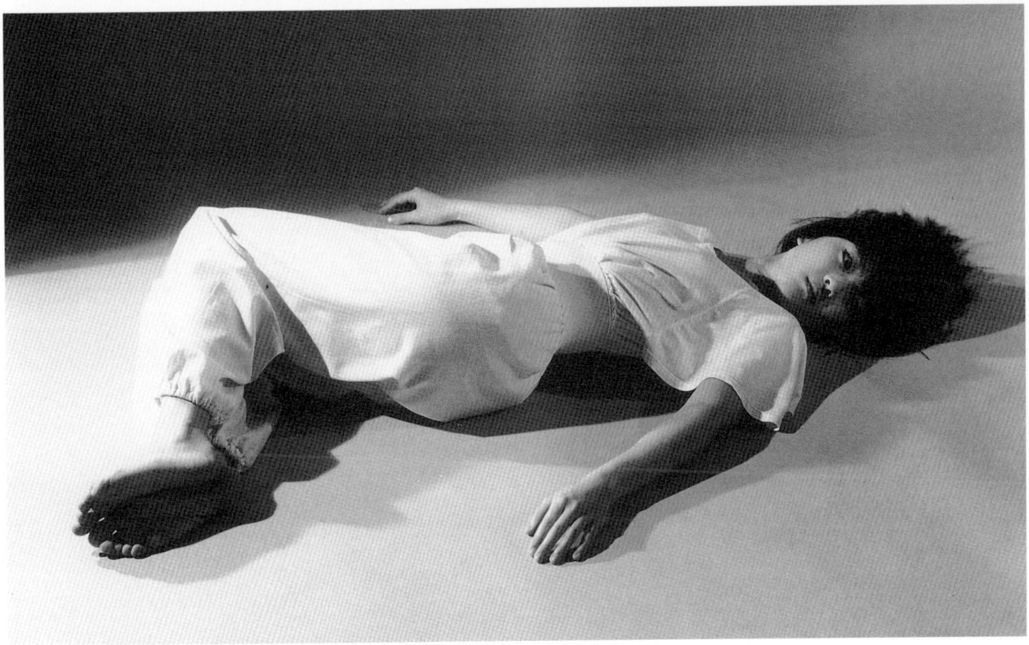

3

2 *Drehen Sie dann mit der nächsten Ausatmung die Beine nach links und den Kopf nach rechts. Die Füße und Knie bleiben dabei geschlossen, und der Blick richtet sich auf den rechten, gestreckten Arm.*

3 *Sobald Sie diese Stellung erreicht haben, gehen Sie in die Gegenbewegung, indem Sie nun die Beine nach rechts und den Kopf nach links bewegen.*

Es geht bei der Übung darum, Kopf und Beine sehr langsam und sanft entgegengesetzt zu drehen, damit eine Dehnung der Körperseiten erfolgt und die Flexibilität der Wirbelsäule erhöht wird.
Meiden Sie bitte unbedingt ruckartige Bewegungen und ärgern Sie sich nicht, falls die Beine anfangs den Boden nicht erreichen.
Wiederholen Sie diese Gegendrehbewegung mindestens fünfmal und erhöhen Sie im Laufe der Zeit auf bis zu zwanzig Drehungen. Sie können bei dieser Übung entweder ständig in Bewegung bleiben oder auch einmal in der Seitenlage verweilen, um so die Dehnung der Flanken noch intensiver zu erspüren.

Die Stärkung des Immunsystems

Für alle, die an einer Harmonisierung ihrer Persönlichkeit, wie sie in diesem Buch dargestellt wird, interessiert sind, ist eine gute Gesundheit das erste Ziel, das die Grundvoraussetzung für eine weitere Entwicklung darstellt. Solange man noch mit zahlreichen Krankheiten belastet ist, wird es sehr schwierig sein, sich auf den Ausgleich von Körper, Seele und Geist zu konzentrieren. Der allgemeine Gesundheitszustand in unserer Gesellschaft läßt zunehmend zu wünschen übrig. Die sogenannten Zivilisationskrankheiten sind auf dem Vormarsch; Herz- und Kreislauferkrankungen, Diabetes, Krebs, Rheuma und andere Krankheiten sind weit verbreitet.

Die Gefahr, von schwerwiegenden Krankheiten befallen zu werden, sinkt in dem Maße, in dem die Immunabwehr des Körpers gestärkt wird. Viele Gesundheitsprobleme hängen direkt mit der fehlenden Immun-Abwehrstärke zusammen. Gerade in unserer hochmodernisierten Zivilisation scheint es immer öfter vorzukommen, daß die Abwehrkräfte des Körpers ihre Aufgabe nicht mehr erledigen können. Betrachtet man beispielsweise die Zunahme der allergischen Reaktionen, so wird deutlich, daß viele Menschen die Fähigkeit verloren haben, auf bestimmte Reize aus der Umwelt zweckmäßig zu reagieren. Je weiter sich der Mensch von seiner natürlichen Umwelt entfernt, desto mehr gefährdet er damit seine Gesundheit und sein Wohlbefinden. Der ständige Aufenthalt in geheizten und vollklimatisierten Räumen trägt ebenso zu einer Verminderung der Abwehrkräfte bei, wie der Mangel an Bewegung, denaturierte Nahrung und vor allem eine negative Lebenseinstellung.

Zusätzlich muß man leider darauf hinweisen, daß die steigende Belastung unserer Lebensräume Luft, Wasser und Erde natürlich ihr Übriges tun, um den Menschen krank zu machen. Obwohl vielfach positive Anzeichen für ein wachsendes Umweltbewußtsein in der Bevölkerung erkennbar sind, wird sich doch die Giftstoff-Belastung unserer Nahrung und unserer Luft so bald nicht verbessern. Diese Giftstoffe stellen zusätzliche Reize dar, auf die man wiederum nur mit einer gut funktionierenden Immunabwehr reagieren kann.

Im folgenden stellen wir nun Übungen vor, die durch Anregung des Kreislaufes und Aktivierung der entsprechenden Meridiane besonders geeignet sind, eine Stärkung der körperlichen Abwehrkräfte zu bewirken. Wenn Sie täglich Ihr individuelles Übungsprogramm praktizieren, haben Sie schon einen wichtigen Schritt auf dem Weg zu einer gesunderen Lebensweise getan. Wenn Sie zusätzlich Ihre Abwehrkräfte steigern möchten, sollten Sie für viel Bewegung an der frischen Luft sorgen und sich auch von kaltem oder regnerischem Wetter nicht schrecken lassen. Vergessen Sie auch nicht, daß rohkost- und schlackenreiche Ernährung zu schnellen positiven Ergebnissen führen wird. Beginnen Sie allmählich damit, bei offenem Fenster zu schlafen, luftdurchlässige Kleidung zu tragen und den Genuß von Alkohol oder Zigaretten stark einzuschränken.

Darüber hinaus gibt es noch gezielte Maßnahmen zur Stärkung des Immunsystems. So wäre die Sauna ebenso zu nennen, wie Kaltwasseranwendungen nach Kneipp oder die Einnahme von immunstärkenden Heilpflanzen, zu denen der Sonnenhut (Echinacea) und die Ginsengwurzel gehören.

Schließlich sollte nicht unerwähnt bleiben, daß auch die ausgeglichene psychische Verfassung und die Lebensfreude wesentlich zur Abwehrkräftigung beitragen, da dadurch das vegetative Nervensystem, das für die Abwehrreaktionen des Körpers zuständig ist, positiv beeinflußt wird.

Die Windmühlenatmung

Die folgende Übung empfehlen wir besonders als Vorbeugung in Zeiten erhöhter Ansteckungsgefahr, da sie das Immunsystem des Körpers stärkt. Die Windmühlenatmung verstärkt das Strömen der Lebensenergie im gesamten Organismus. Sie erhöht aber nicht nur die Aufnahme und die Speicherung von Energie und Sauerstoff, sondern sie regt darüber hinaus auch noch den Kreislauf an und stärkt die Arm- und Schultermuskulatur.

Stehen Sie, die Füße etwa hüftbreit auseinander, möglichst aufrecht und entspannen Sie sich. Die Arme hängen seitlich am Körper, der Atem ist gleichmäßig und ruhig. Atmen Sie langsam ein, und heben Sie gleichzeitig die Arme seitlich vom Körper gestreckt nach oben, bis sich die Handflächen über dem Kopf berühren.

1 *Beginnen Sie dann damit, relativ schnelle, windmühlenartige Bewegungen mit den Armen auszuführen, indem Sie zunächst den linken Arm nach unten schwingen ...*

1

2 *... und dann, während Sie den linken Arm weiter nach hinten und oben schwingen lassen, den rechten Arm nach unten führen.*

2

Das klingt ein wenig kompliziert, ist aber in der Durchführung ganz einfach. Es geht lediglich darum, die Arme versetzt in großen Kreisen nach vorne zu schwingen.
Die Bewegung ist auch mit dem Kraulen beim Schwimmen vergleichbar, nur daß die Arme bei dieser Übung gestreckt bleiben. Wiederholen Sie dieses »Kraulen« etwa dreimal, und halten Sie dabei im eingeatmeten Zustand den Atem an. Heben Sie dann wieder beide Arme über den Kopf und lassen Sie mit einer tiefen Ausatmung die Arme vor dem Körper nach unten fallen.
Entspannen Sie sich kurz und wiederholen Sie die Übung noch zweimal.

Anschließend können Sie die Arme in die andere Richtung, nach hinten also, kreisen und auch diese Variante dann dreimal wiederholen.

Der kleine Atemkreis

Die folgende Übung regt auf sanfte Weise den Kreislauf und den Stoffwechsel an. Außerdem aktiviert sie die Abwehrkräfte des Körpers, erhöht die Atemkapazität, sorgt für eine zureichende Sauerstoffzufuhr und wirkt sich auch auf den seelischen Bereich wohltuend und harmonisierend aus.

1 *Stehen Sie entspannt und aufrecht, die Füße sind etwa schulterbreit geöffnet, die Zehen zeigen nach vorn. Legen Sie nun die Handrücken vor dem Körper, etwa in Höhe des Bauchnabels, aneinander. Hierbei können die Hände den Bauch berühren. Atmen Sie noch einmal tief aus.*

2 *Bewegen Sie dann mit der nächsten Einatmung die Arme in dieser Haltung, die Hände zeigen dabei noch immer nach unten, vor dem Körper nach oben, zur Brust und dann zum Kopf. Über dem Kopf lösen sich die Handrücken langsam voneinander.*

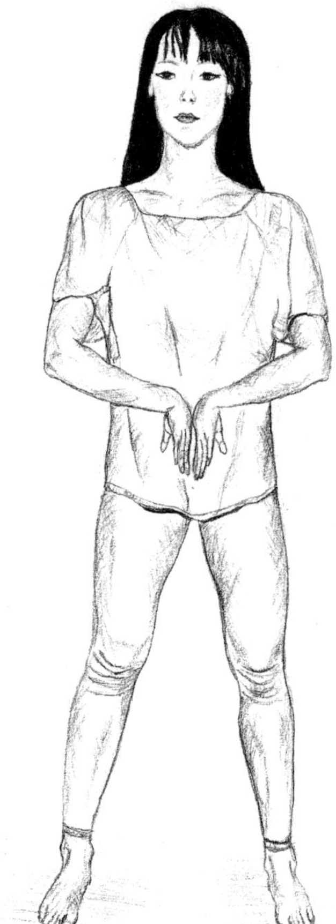

1

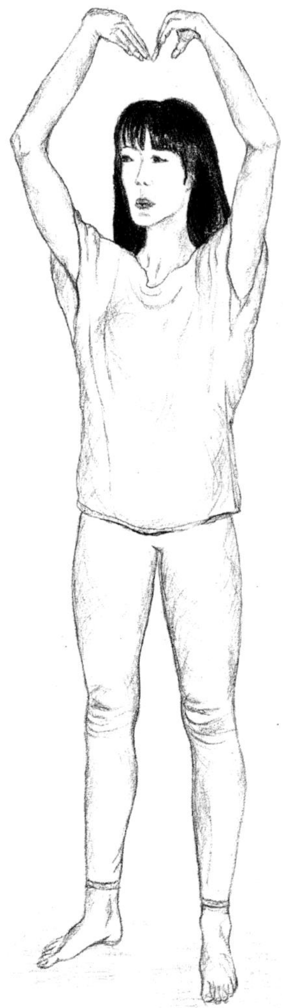

2

3 *Dann öffnen Sie die Arme weit nach oben und zur Seite, wobei die Handflächen nach oben zeigen. Erst in dieser Stellung sollte die Einatmung beendet sein, und während der Ausatmung lassen Sie die Arme dann einfach seitlich nach unten sinken.*

Wenn die Hände neben den Oberschenkeln hängen, schließen Sie sie anschließend wieder zur Ausgangsstellung vor dem Bauch, die Handrücken aneinandergelegt.
Hier sollte die Ausatmung beendet sein und mit der neuen Einatmung sollten Sie die Übung noch einmal wiederholen.

Wichtig ist, daß die Bewegung der Arme und Hände langsam und fließend ist und daß Sie während der Aufwärtsbewegung ein- und während der Abwärtsbewegung ausatmen.

Im fortgeschrittenen Stadium können Sie versuchen, die Bewegung noch langsamer auszuführen und somit auch sehr langsam und tief ein- und auszuatmen; außerdem empfiehlt es sich, die Übung allmählich auf bis zu acht Wiederholungen zu steigern.

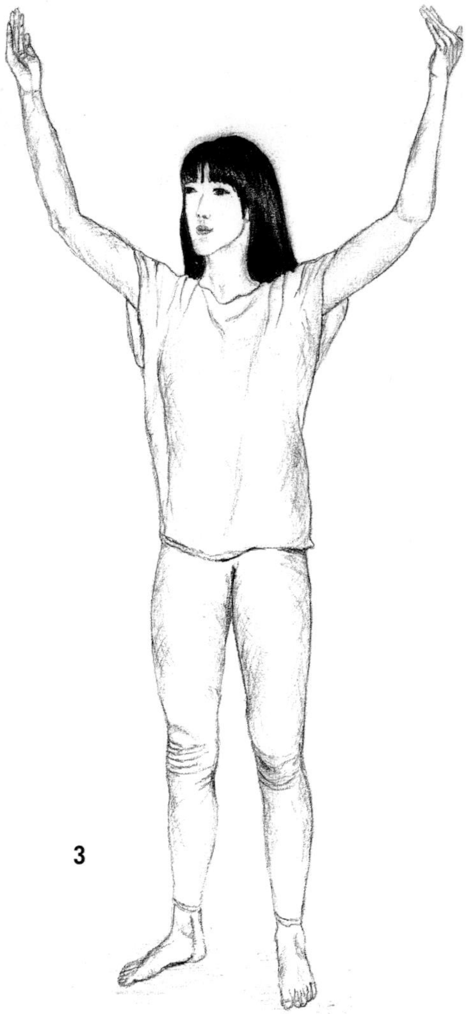

3

Gesichtsmassage

Sowohl zur Vorbeugung gegen Infektionen, als auch zur Behandlung von Erkältungskrankheiten empfiehlt sich die Massage der Gesichtspartie. In diesem Bereich kommt es oft zu Energieblockaden, da im Gesicht viele Meridiane beginnen beziehungsweise enden. Zur Anregung des Energieflusses und zur Stärkung der Abwehrkräfte empfehlen wir Ihnen, einmal täglich, am besten gleich morgens nach dem Aufstehen, eine Selbstmassage des Gesichts auszuführen.

Hierzu wäre es günstig, in folgenden Schritten vorzugehen:

1. Reiben Sie Ihre Handflächen aneinander, bis sie warm sind;
2. Massieren Sie Ihre Ohren mit den Händen, indem Sie die Handflächen auf die Ohren legen und in kreisförmigen Bewegungen die Ohrmuscheln 18mal reiben;
3. Massieren Sie Ihre Stirn mit der rechten Handfläche, indem Sie 18mal schnell von rechts nach links reiben;
4. Massieren Sie Ihre Wangen mit kreisförmigen Bewegungen der Handflächen, bis die Wangen sich ganz warm anfühlen;
5. Legen Sie Zeige- und Mittelfinger aneinander und massieren Sie die Nasenseiten 18mal von oben nach unten.

Im Anschluß an diese Selbstmassage wäre es günstig, folgende wichtige Akupunkturpunkte zu stimulieren, indem Sie jeden dieser Punkte mit kleinen kreisförmigen Bewegungen massieren oder mit den Daumen oder Zeigefingern dreimal jeweils einige Sekunden lang drücken.

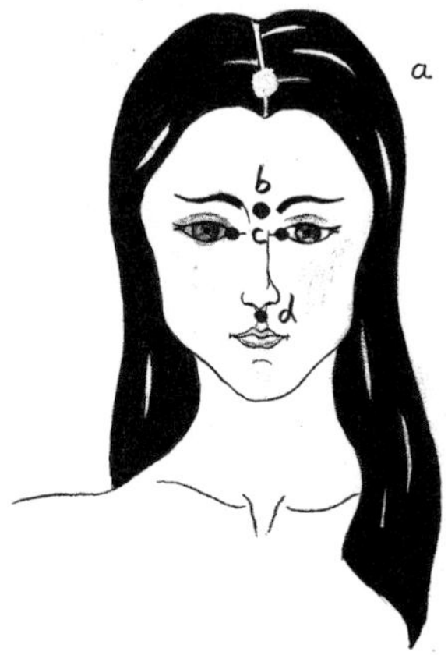

Achten Sie bitte darauf, den Druck mit der Einatmung zu beginnen und ihn mit der Ausatmung zu lösen:

a *Lenkergefäß* – wenige Zentimeter über dem Haaransatz; drücken Sie diese Stelle sehr stark mit beiden Daumen.

b *In Do* – zwischen den Augenbrauen; stark und mit beiden Daumen drücken.

c *Blase* – im inneren Augenwinkel; massieren Sie diese Stelle mit winzigen Kreisbewegungen der Zeigefinger etwa 30 Sekunden.

d *Lenkergefäß* – etwas unterhalb der Nasenmitte; drücken Sie mit dem Zeigefinger nicht zu stark dreimal zehn Sekunden. Achten Sie darauf, daß sich dieser Punkt nicht auf Zahnhöhe, sondern noch auf Zahnfleischhöhe befindet.

a *Gallenblase* – wenige Millimeter vom äußeren Augenwinkel entfernt; drücken Sie diesen Punkt dreimal mit den Zeigefingern. Üben Sie den Druck sanft aus, und halten Sie etwa acht Sekunden.

b *Dickdarm* – direkt neben dem äußersten Rand der Nasenflügel; drücken Sie dreimal fest mit den Zeigefingern, etwa zehn Sekunden.

c *Konzeptionsgefäß* – ein wenig unterhalb der Unterlippe; der Punkt liegt bereits in der Höhe des Zahnfleisches, drücken Sie also bitte nicht auf die Zähne. Massieren Sie diese Stelle mit dem Zeigefinger etwa 30 Sekunden lang mit kleinen kreisförmigen Bewegungen.

d *Magen* – unterhalb der Augenmitte, seitlich der Nasenbasis; drücken Sie mit den Daumen dreimal fest, und jeweils etwa sieben Sekunden lang, einwärts und etwas nach oben gegen die Backenknochen.

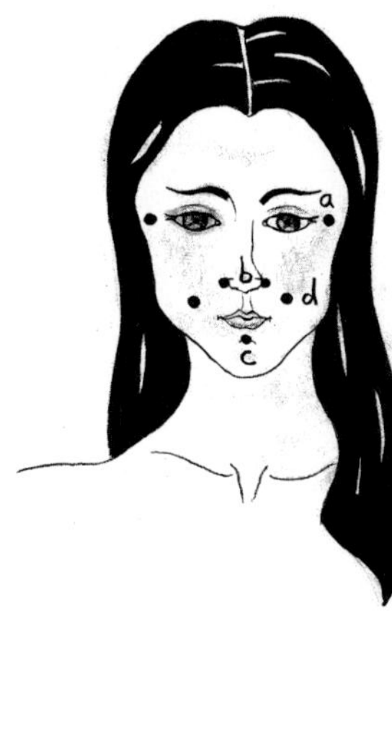

Bauchmassage

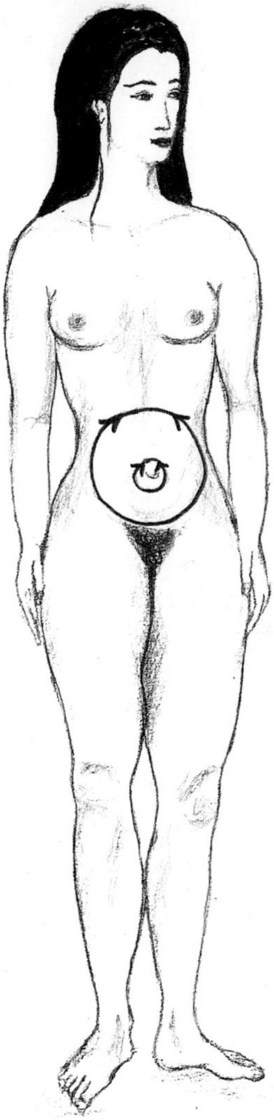

Nach östlicher Auffassung ist der Bauchbereich das Zentrum der vitalen Kräfte im Menschen. Ist der Bauch – japanisch »Hara« – gleichzeitig stark und voller Kraft und dennoch flexibel und weich, so sind die idealen Voraussetzungen zu Gesundheit und Langlebigkeit gegeben. Durch die Massage des Bauches wird nicht nur die Verdauung unterstützt und einer Verstopfung vorgebeugt, sondern darüber hinaus werden die Körperenergie aktiviert und die vitalen Kräfte gesteigert, was besonders auch für die Immunabwehrkraft von Bedeutung ist.
Die Bauchmassage ist einfach in der Durchführung. Sie können dazu ein wenig Pflanzenöl – beispielsweise Johannisöl – verwenden, aber auch ohne Öl ist die Massage sehr wirkungsvoll.

Sie können die Massage im Liegen oder auch im Sitzen ausführen. (Wenn Sie lieber liegen, legen Sie sich auf den Rücken, und ziehen Sie die Beine etwas an).

Reiben Sie dann zunächst Ihre Handflächen aneinander, bis sie sich warm anfühlen. Legen Sie dann die linke Hand auf Ihren Bauch und die rechte auf die linke Hand, und massieren Sie – mit oder ohne Öl – 16mal mit sanften Kreisen in großem Abstand um den Bauchnabel.

Wechseln Sie dann die Richtung und führen Sie die große, langsame Kreisbewegung – auch wieder 16mal – andersherum aus.
Legen Sie Ihre Hände dann auf den Bauchnabel und beginnen Sie damit, ganz kleine, schnellere Kreise direkt um den Bauchnabel auszuführen.

Wiederholen Sie diese Kreisbewegung 24mal, sowohl im als auch gegen den Uhrzeigersinn. Am Ende können Sie die Hände einfach auf dem Bauch liegen lassen, um kurz der wohltuenden Wirkung nachzuspüren.

Die richtige Atmung

Die Atmung des Menschen ist für sein Wohlbefinden, seine Gesundheit und sein ganzes Lebensgefühl von entscheidender Bedeutung. Eine gesunde, natürliche Atmung ist die beste Voraussetzung für eine Harmonisierung zwischen Körper, Seele und Geist, denn die Atmung hängt sehr eng mit unserer gesamten Verfassung zusammen. Wenn wir Angst haben oder zornig sind, beschleunigt sich unser Atem, während wir im entspannten Zustand meistens ruhig und gleichmäßig atmen.

Umgekehrt ist es durch Beruhigung und Rhythmisierung der Atmung möglich, Einfluß auf unseren Seelenzustand zu nehmen und harmonisierend einzuwirken. Diese Erkenntnis machten sich bereits die alten östlichen Traditionen zunutze; auf sie geht jegliche Atemtherapie zurück.

In allen von uns dargestellten Übungen für die individuellen Grundtypen wird die natürliche Atmung gefördert und entwickelt. Dies gilt auch besonders für die Übungen, die mit dem Singen bestimmter Laute verbunden sind.

Im folgenden finden Sie nun noch einige spezielle Atemübungen, die Sie jederzeit in Ihren Alltag einfließen lassen können. Hierbei sei betont, daß bei der Entwicklung einer harmonischen Atmung vor allem Sanftheit und Geduld benötigt werden. Das freie Strömen-Lassen des Atems ist von allergrößter Bedeutung, da die zwanghafte Manipulation des Atems zu verstärkter Fehlatmung führen kann. Das Problem des modernen Menschen besteht ja gerade in der Unfähigkeit, den Atem natürlich und entspannt kommen und gehen zu lassen.

Die Hauptfunktion der Atmung ist die Versorgung des Organismus mit Sauerstoff. Da ein Mangel an Sauerstoff müde, lustlos und krank macht, ist die regelmäßige Durchlüftung der Lungen notwendig. Nur durch eine tiefe Atmung ist diese Durchlüftung gewährleistet. Es gibt viele Möglichkeiten, zu einer tieferen Atmung zu finden und dadurch den Körper mit Sauerstoff und Energie aufzuladen. Neben den hier aufgezählten Atemübungen wäre jegliche sportliche Betätigung an der frischen Luft sehr empfehlenswert. Auch Spaziergänge im Wald können dazu beitragen, die Sauerstoffaufnahme zu erhöhen.

Um zu einer harmonischen Atemweise zurückzukehren, sind einige Punkte zu beachten:

Zunächst sollte man immer durch die Nase atmen. Das Mundatmen hat zahlreiche Nachteile, und die Natur gab uns nicht umsonst die Nase, um die Atemfunktion zu erfüllen. Die Nase filtert und wärmt die Luft und hat außerdem noch eine Schutzfunktion, da sie uns auf Gefahren wie Feuer aufmerksam macht.

Abgesehen davon, daß wir besser durch die Nase als durch den Mund atmen sollten, ist es auch wichtig, wohin man atmet. Leider haben wir uns so weit von einer natürlichen Atemweise entfernt, daß wir statt in den Bauch zu atmen, uns oft mit allerlei Gürteln und beengenden Kleidungsstücken einzwängen und uns infolge der täglichen Hektik

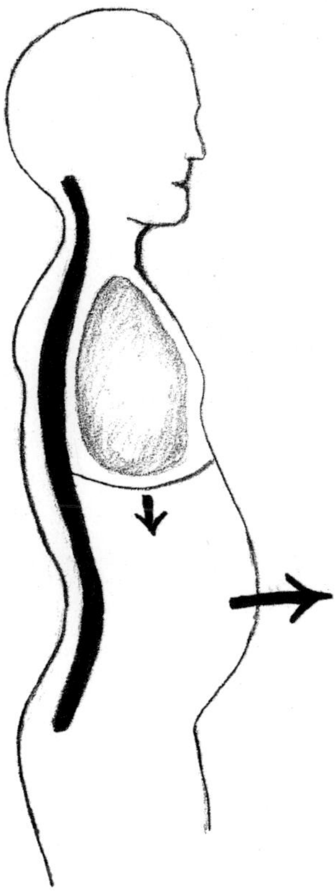

1 Einatmung

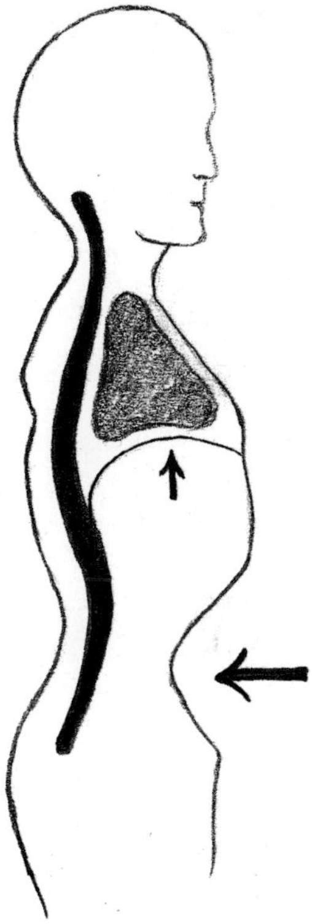

2 Ausatmung

eine flache und schnelle Brustatmung angewöhnen. Die Bauchatmung ist auch deshalb so wichtig, da durch diese entspannte Atmung in den Bauch für eine sanfte Massage der Eingeweide gesorgt wird, die die Verdauung unterstützt.

Die Bauchatmung ist unsere natürliche Atemform: durch die Einatmung füllt sich die Lunge mit Luft und das Zwerchfell bewegt sich nach unten, während sich die Bauchdecke nach außen wölbt (1). Bei der Ausatmung schwingt dann das Zwerchfell zurück nach oben, wodurch der Bauch wieder weich nach innen sinkt (2).

Da die Atmung sehr eng mit dem Seelenzustand zusammenhängt, kann man durch Übungen, die den Atemrhythmus ausgleichen, beruhigend und harmonisierend auf die Psyche einwirken, was wiederum zur Heilung psychosomatischer Beschwerden beitragen kann und letztlich auch den Ausgleich der körperlichen, seelischen und geistigen Energien unterstützt.

Die Bauchatmung

Die folgende Übung ist hilfreich, um über den Weg der Achtsamkeit wieder zu einer natürlichen Bauchatmung zurückzufinden.
Legen Sie sich auf den Rücken und achten Sie darauf, daß der Raum warm ist; decken Sie sich nötigenfalls mit einer Decke zu.
Legen Sie nun Ihre beiden Hände auf den Bauch, wobei die rechte etwas unterhalb und die linke etwas oberhalb des Bauchnabels liegen sollte. Entspannen Sie sich nun, indem Sie alle unnötigen Muskelanspannungen loslassen. Achten Sie insbesondere darauf, daß der Gesichts- und Nackenbereich locker ist.
Versuchen Sie weder an Zukünftiges noch an Vergangenes zu denken und leben Sie sich in Ihre Handflächen ein.
Spüren Sie den Kontakt der Hände zum Bauch, und lassen Sie den Atem frei strömen. Spüren Sie, wie sich beim Einatmen die Bauchdecke hebt und wie sie sich bei der Ausatmung wieder senkt.
Hier ist es sehr wichtig, nicht in das Atemgeschehen einzugreifen, sondern neutral zu beobachten. Konzentrieren Sie sich lediglich auf das Heben und Senken der Bauchdecke, auf das Gewicht der Hände und auf die Wärme, die möglicherweise entsteht. Vergessen Sie alles andere, und kommen Sie, falls die Gedanken abschweifen – was sie anfangs sicherlich ab und zu tun werden – wieder ganz zu Ihrer Atembewegung zurück.
Nehmen Sie sich für diese Übung mindestens drei Minuten lang Zeit, und erhöhen Sie die Übungsdauer – wenn möglich auf bis zu zehn Minuten.
Strecken Sie sich am Ende gründlich durch, atmen Sie tief ein und aus und beenden Sie dann die Übung.

Die Wechselatmung

Die Wechselatmung ist eine einfache Yoga-Atemübung, die Körper und Seele harmonisiert und die jederzeit in den Alltag eingebaut werden kann, wenngleich sie nicht ganz unauffällig ist. Die Inder gehen davon aus, daß diese Atemweise den feinstofflichen, energetischen Körper reinigt und ins Gleichgewicht bringt.

Setzen Sie sich aufrecht hin – am besten, indem Sie eine der Meditationssitzstellungen einnehmen (siehe Seite 156 f.).

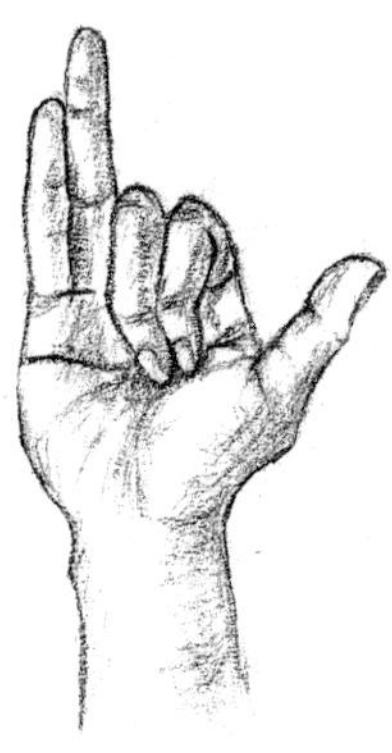

1

Winkeln Sie dann Zeige- und Ringfinger der rechten Hand nach innen ab **(1)**. *Diese Handstellung ist günstig, da bei dieser Übung das rechte Nasenloch mit dem rechten Daumen und das linke Nasenloch mit dem rechten Ring- und kleinen Finger geschlossen werden soll.*

Beginnen Sie nun mit der Übung, indem Sie zunächst vollständig ausatmen. Schließen Sie dann das rechte Nasenloch mit dem Daumen **(2)** *und atmen Sie langsam und lautlos links ein, bis die Lunge gefüllt ist. Schließen Sie dann für eine Sekunde beide Nasenlöcher und atmen Sie dann durch das rechte Nasenloch langsam aus, indem Sie das linke Nasenloch mit Ring- und kleinem Finger schließen. Nach der vollständigen Ausatmung atmen Sie ohne Pause gleich wieder links ein, halten kurz, wechseln die Fingerhaltung und atmen dann wieder rechts aus.*

2

Um es übersichtlicher darzustellen:

Atmen Sie	*links aus –*	*links ein – stop,*	*Finger wechseln –*
	rechts aus –	*rechts ein – stop,*	*Finger wechseln –*
	links aus –	*links ein – stop,*	*usw.*

Folgendes ist hierbei zu beachten: Es sollte immer vollständig ein- und ausgeatmet werden, und es ist wichtig, daß der Atemstrom möglichst unhörbar ist. Gewechselt wird die Fingerhaltung immer nach der Einatmung, nach der eine kurze Atempause von ein bis zwei Sekunden stattfindet. Sie sollten die Übung möglichst nicht unmittelbar nach einer schweren Mahlzeit ausführen.
Da diese Atemform sehr harmonisierend wirkt, können Sie die Dauer der Übung nach eigenem Belieben wählen. Wir empfehlen, mit zwei bis drei Minuten zu beginnen und auf etwa fünf bis zehn Minuten zu steigern. Die günstigste Zeit für die Wechselatmung ist der frühe Morgen oder die Zeit vor dem Schlafengehen.

Die Rhythmische Atmung

Durch Rhythmisierung der Atmung können Sie sich in Zeiten erhöhter seelischer Belastungen wieder in Ihr psychisches Gleichgewicht bringen. Die rhythmische Atmung ist einfach durchzuführen und dennoch, bei regelmäßiger Anwendung, von hoher Wirkung. Die Übung kann im Sitzen und Liegen ausgeführt werden. Sie kann hilfreich bei Einschlafstörungen sein, wenn man sie abends im Bett übt. Bei dieser Atemweise geht es darum, die Zeitdauer der Ein- und Ausatmung gleichzuschalten. Dazu wäre es günstig, wenn Sie zu Beginn der Übung Ihren Pulsschlag am Handgelenk oder an der Halsschlagader erspüren. Wenn Sie damit Schwierigkeiten haben, können Sie auch einen eigenen, langsamen Zählrhythmus wählen. Wenn Sie jedoch keine Probleme haben, Ihren Pulsschlag zu erspüren, merken Sie sich den Rhythmus Ihres Pulses. Atmen Sie dann auf vier Pulsschläge durch die Nase ein und unmittelbar danach auf vier Schläge aus. Wiederholen Sie diese Atemform einige Minuten, und konzentrieren Sie sich nur auf das Ein- und Ausströmen der Luft in Kombination mit dem Zählen.
Im Laufe der Zeit können Sie dazu übergehen, mit anderen Rhythmen zu experimentieren. Erfahrungsgemäß hat sich auch das Verhältnis eins zu zwei zur Beruhigung des inneren Zustandes bewährt. Hierbei atmen Sie dann vier Schläge ein und acht Schläge aus.
Wenn Sie dann noch einen Schritt weitergehen wollen, können Sie auch eine Atempause einbauen, was Ihren Organismus besonders stark mit Sauerstoff und Energie auflädt. Sie atmen dabei vier Schläge ein, halten vier Schläge lang den Atem an und atmen dann über acht Schläge aus. Diese letzte Variation sollte jedoch nicht länger als zwölfmal wiederholt werden, und außerdem ist davon abzuraten, sie direkt vor dem Schlafengehen auszuführen, da sie sehr anregend auf Körper und Geist wirkt.

Entspannung und Meditation

Wenn man auf der Suche nach der umfassendsten Methode zur Erleichterung sämtlicher Schwierigkeiten der Menschen wäre und eine Lösung für seelische Nöte, körperliche Beschwerden und geistige Fehlhaltungen und Blockaden suchte, so würde es – bei intensiver Suche – nicht lange dauern, bis man zu den Techniken von Entspannung und Meditation fände.

Ihre wunderbaren Wirkungen stellen wohl eines der besten Hilfsmittel zur Linderung der meisten menschlichen Probleme dar. Dies gilt in besonderem Maße für die Bewohner der »zivilisierten« Industriestaaten. Je komplizierter, hektischer und neurotischer unsere Gesellschaft wird, desto notwendiger ist es, wieder in die Einfachheit, in die Ent-Spannung oder in die Meditation zurückzufinden.

Der Mensch unserer Zeit – und insbesondere der »Großstadtmensch« – ist einer großen Anzahl höchst unnatürlicher Belastungen ausgesetzt. Der allgegenwärtige Verkehrs- und Baustellenlärm, die ständige Reizüberflutung durch die Massenmedien, die hohe Bevölkerungsdichte in den Ballungszentren und einseitige Orientierung an Leistung und beruflichem Erfolg – sie alle tragen nicht gerade dazu bei, einen Zustand der Ausgeglichenheit, der Lebensfreude und Zufriedenheit herzustellen. Will man angesichts dieser einseitigen Entwicklung größere Schäden an Körper und Seele verhindern, so wird man früher oder später damit beginnen, sich mit Entspannungsmethoden zu beschäftigen, um so wieder zu seiner eigenen Mitte und in die Stille zurückzukehren.

Die Bedeutung der Entspannung wurde nicht nur in zahlreichen östlichen Systemen betont, sondern wird auch zunehmend in der westlichen Welt anerkannt. Sowohl Autogenes Training als auch die Feldenkrais-Methode und andere Entspannungstechniken haben weite Verbreitung gefunden. Auch in unseren Übungen wird immer wieder der Aspekt der Entspannung betont.

Für den Alltag ist es besonders wichtig, daß dem Körper und dem Geist immer wieder Gelegenheiten zur Entspannung gegeben werden. Hier ist der Vergleich mit einer Batterie, die in regelmäßigen Abständen wieder aufgeladen werden muß, durchaus zutreffend. Schlaf allein reicht meist nicht aus, um den Nerven die notwendige Entlastung zu bescheren. Verspannungen, negative Gefühle wie Nervosität, Aggression oder Ängste und gesundheitliche Probleme sind die Folgen.

Während Entspannungsübungen eine gute Möglichkeit zum Ausgleich darstellen, ist auch eine entspannte Grundhaltung gegenüber unserem täglichen Leben sehr hilfreich. Ein Weg zu dieser entspannten Grundhaltung führt über die bewußte und entspannte Durchführung sämtlicher Tätigkeiten.

Hiermit wären wir übrigens auch schon im Bereich der Meditation. Meditation ist nämlich keinesfalls eine mysteriöse Sache, die nur für seltsame Sekten oder Fanatiker geeignet ist, sondern sie ist im Gegenteil eine zutiefst menschliche Haltung. Meditation geschieht ganz von selbst und ohne ein Zutun. So kann man denn auch bei Kindern meditative Zustände feststellen, denn es fällt ihnen leicht, sich sehr lange auf Naturerscheinungen oder interessante Eindrücke zu konzentrieren. Ebenso meditieren Verliebte, die sich »stundenlang« in die Augen schauen können, ohne daß ihnen dabei auch nur ansatzweise langweilig würde. Jede Tätigkeit oder jedes Objekt, das uns begeistert oder fasziniert, bietet eine gute Möglichkeit, in einen Zustand der Meditation zu kommen. Entspannung und Meditation hängen sehr eng zusammen, man könnte auch sagen, daß Entspannung die Grundlage zur Meditation bildet. Wir empfehlen Ihnen, die Meditationsübung, die Ihrem Persönlichkeitstyp zugeordnet ist, jeden Tag auszuführen; schon nach kurzer Zeit werden Sie die wohltuende Wirkung meditativer Versenkung an sich selbst erfahren.

Das eigentlich Schwierige an der Meditation ist, daß sie so einfach ist. Den meisten Menschen fällt es schwer, sich ganz fallenzulassen und ihr Denken für eine kurze Zeit abzustellen. Dabei wäre es höchst heilsam, wenn man jeden Tag die eine oder andere Gelegenheit ergreifen würde, um sich von seinen belastenden und ständig wiederholenden Gedanken zu befreien. Außer der Möglichkeit, jede noch so belanglose Tätigkeit mit einem Höchstmaß an Konzentration und innerer Ruhe zu vollführen, kann es auch sinnvoll sein, sich ab und zu im Alltag ein paar Minuten Zeit zu nehmen, um sich in einen ruhigen Raum zu setzen und zu meditieren. Sie können sich beispielsweise auf Ihren Atem konzentrieren und genau beobachten, wie die Bauchdecke sich bei der Einatmung hebt und bei der Ausatmung wieder zusammensinkt. Allein das bewußte Erleben dieser Bewegung kann Sie im Laufe der Zeit in tiefe Meditation und Entspannung führen. Oder Sie können versuchen, für einen von Ihnen festgesetzten Zeitraum Ihre Gedanken zu beobachten. Hier genügen anfangs bereits wenige Minuten, denn es ist schwieriger, als man meinen würde, ganz wach und aufmerksam jeden Gedanken, jedes Bild, jede Erinnerung, Hoffnungen, Befürchtungen und andere Bewegungen des Geistes wahrzunehmen.

Für jede Meditation ist die Körperhaltung von besonderer Bedeutung. Symbolisiert die Haltung des Körpers eine große Wachheit und Präsenz, so fällt die innere Achtsamkeit wesentlich leichter. Auch im Alltag sollte die Haltung immer wieder einmal kontrolliert und gegebenenfalls korrigiert werden. Die Wechselwirkungen zwischen Körper- und Geisteshaltung dürfen nicht unterschätzt werden. In unserer Körperhaltung spiegeln sich unsere seelischen Blockaden ebenso, wie unser Gefühlszustand und unsere allgemeine Lebenseinstellung. Auf der anderen Seite bewirkt jede Verbesserung unserer Körperhaltung und der Abbau von unnötigen Anspannungen in der Muskulatur auch wieder einen Ausgleich und eine Stabilisierung unseres Seelenzustandes. So können oftmals Ängste, Sorgen, Depressionen oder Schwächezustände durch die bewußte Verbindung zur Erde, die Vorstellung des Getragen-Seins, die Aufrichtung der Wirbelsäule und die Entspannung der Schultern aufgelöst werden.

Im Folgenden wollen wir vier Meditatonsstellungen vorstellen, die besonders dazu geeignet sind, jene äußere und innere Haltung einzunehmen, die sowohl die nötige Gelöstheit und Entspanntheit, wie auch die notwendige Wachheit gewährleistet.

1 Der Sitz auf dem Stuhl

Für den Europäer stellt das Sitzen auf einem Stuhl wohl die vertrauteste Sitzhaltung dar. Es ist durchaus möglich, auf einem Stuhl zu meditieren, wenn die Körperhaltung stimmt. Dazu sollte der Stuhl jedoch so hoch sein, daß das Becken höher liegt als die Knie.

Für die ideale Haltung auf dem Stuhl sollten Sie auf der vorderen Hälfte des Stuhles sitzen. Dabei sind die Füße etwa hüftbreit auseinander, die Oberschenkel verlaufen parallel zum Boden und bilden mit den Unterschenkeln einen Winkel von 90 Grad. Legen Sie die Handflächen auf die Oberschenkel, und spüren Sie den Kontakt der Sitzbeinhöcker zum Stuhl. Durch langsames Vor- und Zurückkippen des Beckens können Sie Ihre ideale Haltung herausfinden. Die Wirbelsäule sollte aufrecht, die Schultern und das Gesicht entspannt sein.

2 Der Fersensitz

Der Fersensitz ist eine sehr natürliche Sitzhaltung, die im Fernen Osten weit verbreitet ist. Wenn Sie diese Stellung für Ihre Meditation ausprobieren wollen, sollten Sie darauf achten, daß Knie und Füße geschlossen sind. Falls Sie Schmerzen in dieser Stellung verspüren, können Sie ein dünnes Kissen zwischen Gesäß und Fersen schieben, um so den Druck auf die Füße ein wenig zu verringern.

Sitzen Sie auch im Fersensitz möglichst aufrecht und gleichzeitig entspannt. Die Hände liegen ineinander – wobei sich die Daumenkuppen berühren – und sind in Kontakt mit dem Unterbauch; die Ellenbogen sollten ein wenig geöffnet und die Arme entspannt sein. Für jene, die Probleme mit den Beinvenen haben, ist diese Haltung weniger empfehlenswert.

2

1

3 Der Heldensitz

Bei dieser Sitzhaltung ist bereits eine gewisse Gelenkigkeit der Beine und Hüften erforderlich. Sie ist eine gute Meditationshaltung, da Sie einen sehr stabilen Sitz verleiht und nach östlicher Auffassung durch die runde, geschlossene Haltung der Beine einen Energieverlust ausschließt. Der Heldensitz fällt leichter, wenn Sie die Sitzunterlage, beispielsweise mit einem harten Kissen, ein wenig erhöhen.

Ziehen Sie den linken Fuß möglichst nahe an den Körper heran und legen Sie den rechten Fuß auf den linken Unterschenkel (oder umgekehrt). Die Hände liegen auf den Knien, wobei sich die Kuppen der Daumen und Zeigefinger sanft berühren. Die Wirbelsäule ist aufrecht, die Schultern sind entspannt und der Atem sollte frei fließen können.

3

4 Der Stand

Auch im Stehen kann man meditieren; allerdings muß auf einen natürlichen, richtigen Stand geachtet werden. Während falsches Stehen unsere Körperhaltung negativ beeinflußt, die Atmung behindert und unsere Energien raubt, verbindet uns das richtige Stehen mit den Energien der Erde und ist für unseren Körper und unsere psychisch-geistigen Kräfte heilsam und förderlich.

Die Füße sollten etwa schulterbreit voneinander entfernt sein, die Zehen zeigen nach vorn und die Knie sind nicht ganz durchgedrückt, sondern ein wenig gebeugt. Das Gewicht sollte gleichmäßig auf beide Füße verteilt sein. Die Arme hängen locker, die Schultern sind entspannt. Um die Haltung der Wirbelsäule auszugleichen, ist es günstig, das Becken ein wenig nach vorn zu schieben und den Nacken etwas zu dehnen.

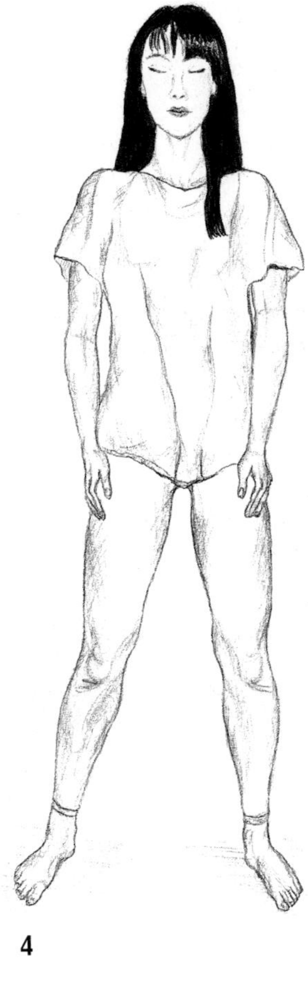

4

Beengende Kleidung sollte, wo immer möglich, vermieden werden, um so den freien Atemfluß zu gewährleisten.

Danksagung

Hiermit wollen wir allen, die es ermöglicht haben, daß dieses Buch zustande kam, einen herzlichen Dank aussprechen. Allen unseren Freunden für die Unterstützung, Martin und Josiane für die schönen Fotos, Kerstin und Anja für die Zeichnungen und unserer Lektorin Monika König für die Hilfe und die Anregungen.

Die Autoren

Ronald P. Schweppe ist freischaffender Musiker, Komponist, Musikpädagoge und Yogalehrer. Sein besonderes Interesse gilt neben dem Yoga, dessen Philosophie und anderen östlichen Weisheitslehren allen Arten der meditativen Musik, der auch ein großer Teil seines musikalischen Schaffens gewidmet ist.

Aljoscha A. Schwarz studierte zunächst Medizin in Canada, dann Philosophie, Psychologie, Musik und Sprachen in München. Er ist Diplom-Psychologe, Heilpraktiker und Übersetzer und unterrichtet T'ai Chi Ch'uan und Chi Kung. Er interessiert sich besonders für die chinesischen Lehren und schreibt, zusammen mit Ronald, Meditationsmusik.

Bücher zum Thema

Dethlefsen, Thorwald / Dahlke, Rüdiger: *Krankheit als Weg*, Bertelsmann, München 1983

Diamond, Harvey und Marilyn: *Fit fürs Leben*, Goldmann, München 1986

Dürckheim, Karlfried Graf: *Übung des Leibes*, Lurzverlag, München 1981

Feldenkrais, Moshe: *Bewußtheit durch Bewegung*, Suhrkamp, Frankfurt 1968

Harf, Anneliese: *Yoga – Wege zur Harmonie*, Falkenverlag, Niedernhausen 1989

Kushi, Michio: *Do-In-Buch*, Verlag Bruno Martin, Ost-West-Bund, Frankfurt 1979

Kushi, Michio: *Das Buch der Makrobiotik*, Verlag Bruno Martin, Ost-West-Bund, Frankfurt 1979

Lidell, Lucinda u. a.: *Massage. Anleitungen zu östlichen und westlichen Techniken*, Mosaik, München 1986

Lodes, Hiltrud: *Atme richtig*, Goldmann, München 1985

Lysebeth, André van: *Yoga für Menschen von heute*, Bertelsmann, Gütersloh 1970

Lysebeth, André van: *Die große Kraft des Atems*, O. W. Barth-Verlag, Bern, München, Wien 1972

Ohasi, Wataru: *Shiatsu*, Bauerverlag, Freiburg 1977

Reid, Howard: *Wege zur Harmonie. T'ai Chi Chuan, Ghi Gong, Hsing I, Pa Kua*, Mosaik, München 1989

Schwarz A., Schweppe R., Pfau W.: *Wyda – die Kraft der Druiden*, Bauerverlag, Freiburg 1989

Selvarajan, Yesudian, Haich, Elisabeth: *Sport und Yoga*, Drei Eichen Verlag, München 1972

Sivananda Yoga Zentrum: *Yoga für alle Lebensstufen*, Gräfe und Unzer, München 1985

Tung, Timothy: *Wushu*, BLV-Verlagsgesellschaft, München 1987

Zöller, Josephine: *Das Tao der Selbstheilung*, Ullstein, Berlin 1987